알아두면 도움되는

방송 통신 정책 안내서

방송통신위원회

서 문

방송통신위원회는 2023년도 한 해 동안 추진한 정책 중 국민 생활에 도움이 되는 주요 정책들을 모아 **'알아두면 도움되는 방송통신 정책안내서'**를 발간하게 되었습니다.

우리 위원회는 그동안 국민들이 평소 방송통신서비스를 이용하면서 마주치는 불편하고 곤란한 문제들을 해결하기 위해 꾸준히 노력해왔으며, 관련 정책들을 보다 적극적으로 알리기 위해 이번 정책안내서를 제작하였습니다.

이번 정책안내서는 ① **방송통신서비스 편리하게 개선돼요!** ② **온라인 피해 이렇게 보호해요!** ③ **미디어 복지 함께 누려요!** 등 세 가지 주제로 나누어 총 15개의 정책을 담았습니다. 정책별로 주요내용, 시행효과, 체감사례, 활용방법 등으로 구성하였으며, 영상 QR코드, 카드뉴스 등을 포함하여 이해하기 쉽도록 하였습니다.

앞으로도 방송통신위원회는 '따뜻한 정부, 행동하는 정부'라는 국정운영 목표에 맞추어, 국민들이 방송통신서비스를 이용하면서 겪는 불편·피해 사항에 세심히 귀 기울여 개선해 나가는 동시에 그러한 개선 사항들을 적극 알려서 실생활에 활용될 수 있도록 최선을 다하겠습니다.

contents

방송통신서비스 편리하게 개선돼요!

01 재난 대비 국민행동요령 제작·방송	9
02 휴대전화 불법스팸 간편하게 신고하기	12
03 335만 이용자 정밀위치 제공으로 긴급구조 사각지대 해소	16
04 유료방송 해지시 대리인 제출 서류 선택권 확대	20
05 모바일 분쟁조정시스템 개시로 국민 편의성 증대	23

온라인 피해 이렇게 보호해요!

01 청소년보호 통합앱 '사이버안심존' 개발·보급	29
02 온라인피해365센터, 대국민 피해지원 1대1 도우미로	32
03 디지털플랫폼 서비스 장애 관련 이용자 보호 강화 추진	36
04 앱마켓모바일콘텐츠 이용자 보호 안내서 발간 및 교육홍보	39
05 메타버스 이용자 보호 기본원칙 발표	43

미디어복지 함께 누려요!

01 'EBS 중학 프리미엄' 무료화	49
02 시청자미디어센터 신규 구축, 나눔버스 확대 운영으로 국민과 더 가까운 미디어 세상!	53
03 국민 생애주기에 맞는 평생 미디어교육 추진	57
04 소외계층을 위한 맞춤형 장애인방송 정책 추진	61
05 혁신형 중소기업·소상공인 방송광고 제작지원	65

Chapter 1

방송통신 서비스 편리하게 개선돼요!

방송통신위원회는

국민 실생활 불편사례를 조속히 해결하기 위해
재난 대비 국민행동요령 제작·방송과 휴대전화 불법스팸 간편하게 신고하기,
335만 이용자 정밀위치 제공으로 긴급구조 사각지대 해소 및 유료방송 해지시 대리인 제출 서류 선택권 확대
모바일 분쟁조정시스템 개시로 국민 편의성 증대 등 국민불편사항을 적극 해소하고자 했습니다.

Chapter 1

방송통신 서비스 편리하게 개선돼요!

01	재난 대비 국민행동요령 제작·방송	9
02	휴대전화 불법스팸 간편하게 신고하기	12
03	335만 이용자 정밀위치 제공으로 긴급구조 사각지대 해소	16
04	유료방송 해지시 대리인 제출 서류 선택권 확대	20
05	모바일 분쟁조정시스템 개시로 국민 편의성 증대	23

01 재난 대비 국민행동요령 제작·방송

각종 재난·재해의 발생에 따라 재난유형별 국민행동요령 방송을 통해 재난 피해를 최소화하였습니다.

◉ 추진배경

- 각종 자연재난·사회재난 발생에 따른 인적·물적 피해가 잇따름에 따라 국민에게 재난 유형별 예방정보 및 현장에서 도움을 주는 국민행동요령 적극 홍보 필요

◉ 주요내용

- [국민행동요령 제작·공유] 「지진 피해 현장 행동 요령」, 「지하공간 침수 시 대피요령」 등 총 37건 (2023. 12월말 기준, KBS)을 제작하여 타방송사와 공유
- [국민행동요령 홍보] 재난 시 재난방송 의무방송사 51개사에 재난정보와 함께 국민행동요령 적극 홍보를 요청(2023년 12월말 기준, 65회)하여 약 50,000회 이상 방송을 송출
- [수어방송 제작지원] 긴급 재난방송 시 KBS 뉴스특보에 수어통역(연간 4명) 및 영어자막을 방송하여 장애인 등 취약계층을 위한 원활한 재난정보 제공

◉ 시행효과

- [국민이해 제고] 지진 피해현장 행동요령 등 재난 유형별 행동요령 콘텐츠 37개를 제작, 5만회 이상 방송하여 국민들의 재난에 대한 특성 이해를 높이고 현장에서의 대응능력을 향상
- [취약계층 지원] 재난방송 시 수어 및 영어자막을 방송하여 청각장애인, 외국인 등 취약계층의 재난대응을 적극 지원

주요 재난재해 행동요령 콘텐츠

| 교통사고 겨울철 안전 운전 요령 1 | 교통사고 겨울철 안전 운전 요령 2 | 교통사고 겨울철 안전 운전 요령 3 |

주요 재난시 수어통역 활용

| 강릉 난곡동 산불 피해 뉴스특보(4.11) | 집중호우 뉴스특보(7.11) | 태풍 카눈 뉴스특보(8.9) |

국민체감사례

- 유튜브에 게시한 2023년도 재난 행동요령 37편의 스팟 영상 조회수가 183,000여 건으로 국민들의 재난에 대한 높은 관심도를 반영

지진 피해 현장 행동 요령 (2023.04.13)
우리나라도 지진에서 절대 안전하지 않다는 걸 보여주었어요. 판 내부에 힘이 축적되고 있다는 전문가들의 경고가 나오고 있다고 하니 더욱 안심할 수 없는 상황이죠. 최악을 대비하는 건 가장 바람직한 대처이기 때문에 항상 유의해야할 것 같아요.

지하공간 침수 시 대피 요령 (2023.07.13)
지하공간 침수 시 대피 요령에 대해 안내해 주셔서 감사. 최근 오송 지하차도 일도 그렇고 폭우에 대해 다시 경각심을 느끼게 되었어요. 대비가 정말 중요할 것 같아요. 대피 요령 잘 숙지하고 주변 사람들에게도 알려줘야겠어요.

산불 발생 시 행동 요령 (2023.11.09)
자욱한 연기에 가려지는 시야 보기만해도 아찔하네요 ㅠㅠ.
산불 발생 시 행동 요령까지 이렇게 세심하게 알려주니깐 너무 좋았습니다.

- 재난안전 컨텐츠, 이곳에서 확인하세요!

▶ KBS 재난포털

 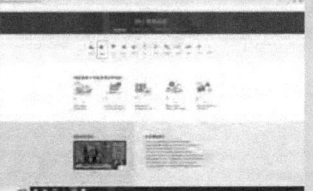

(d.kbs.co.kr)

▶ KBS 유튜브 활용

(검색 : 세이프K)

재난 대비 국민행동요령 제작·방송 카드뉴스

방송통신위원회

지진 피해현장 행동요령,
지하공간 침수 시 대피요령,
고층건물 화재 시 대피요령 등

재난 대비 국민행동요령 제작·방송 (12.23.)

방송통신위원회는 올해 재난방송주관방송사인 한국방송공사(KBS)에 대한 지원 사업을 통해 재난유형별로 행동요령 콘텐츠 37개를 제작하고 TV·라디오 방송사들과 공유하여 재난정보와 함께 약 5만회 이상 방송함으로써 국민들이 재난의 특성을 보다 쉽게 이해하고 현장에서 대응하는 데 도움이 되도록 했습니다.
아울러, 재난방송 시 수어, 영어자막도 방송하여 취약계층의 재난 대응을 적극 지원했습니다.

방송통신위원회는 전국의 방송사들과 협력하여 정확하고 신속하게 재난정보와 행동요령을 방송함으로써 인명과 재산 보호에 기여할 수 있도록 노력하겠습니다.

국민행동요령과 전국 주요 도로·하천 CCTV 등 재난 관련 정보는
d.kbs.co.kr에 접속하거나 KBS재난포털을 검색하여 이용할 수 있습니다.

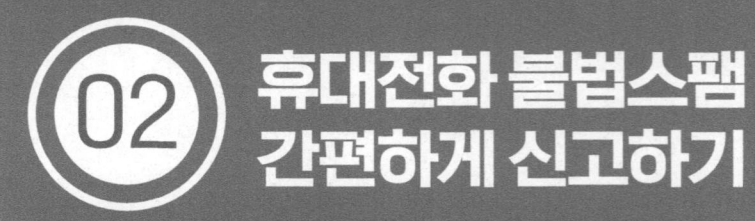

02 휴대전화 불법스팸 간편하게 신고하기

스팸신고 시 이용자 불편을 해소하기 위해 '불법스팸 간편신고 앱' 서비스를 제공하였습니다.

추진배경

- 휴대전화는 광고·유인 효과가 높은 수단으로 스패머들은 다각적 조치에도 이를 우회하는 지능적 수법으로 휴대전화 스팸 지속 전송
- 기존 국내산 휴대전화에는 스팸신고 기능이 탑재되어 있으나 메뉴가 하위에 숨겨져 있어 찾아 들어가야 하는 불편이 있었고, 외산폰 이용자는 휴대전화에서 스팸신고 불가 등 사각지대 존재
  ▶ 이에, 휴대전화 스팸을 수신한 국민 누구나 간편하게 신고 할 수 있도록 신고 편의성 개선 및 앱 서비스 제공 추진

주요내용

- [간편신고 UI 개선] 삼성전자와 협업을 통해 문자 메시지 하위 메뉴에 숨겨져 있던 신고버튼을 원클릭으로 신고할 수 있도록 이동 배치

스팸 간편신고 UI 개선사항

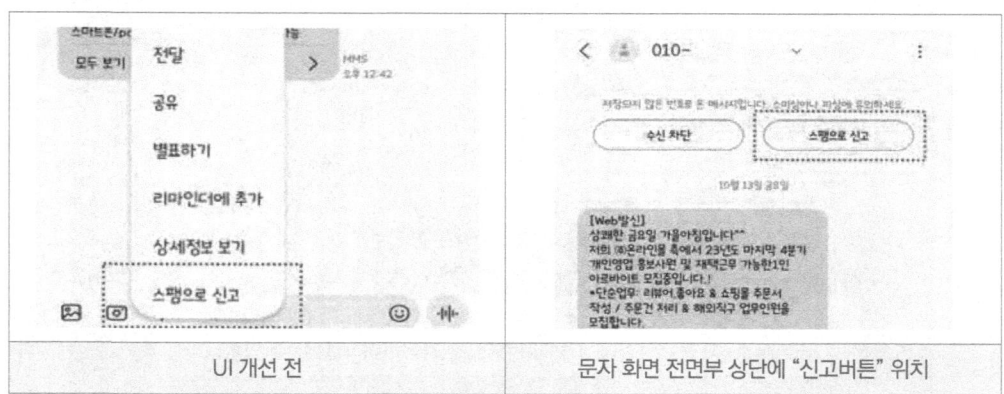

| UI 개선 전 | 문자 화면 전면부 상단에 "신고버튼" 위치 |

- [신고 앱 서비스 제공] 아이폰 등 외산폰 이용자도 휴대전화에서 바로 스팸신고 및 처리결과 확인 가능하도록 앱 배포

불법스팸 간편신고 앱 카드뉴스

시행효과

- 스팸신고 기능을 인지하지 못했던 삼성폰 이용자, 폰에서 기능을 지원하지 않아 불편을 겪은 아이폰 이용자 등 국민의 애로사항 해소

2022년 296만명 → (약 3.5배 증가) 2023년 1,059만명

※ 개선 전 대비 신고인 수 약 3.6배 증가(2022년 296만명 → 2023년 1,059만명), 신규 유입 762만명

- 대량 신고 및 수집된 빅데이터 확보로 스팸전송 전화번호 차단에 적극 활용하여 스팸으로 인한 국민 불편 최소화

2022년 3,800만건 → (약 7.8배 증가) 2023년 2억 9천만건

※ 개선 전 대비 신고건수 약 7.8배 증가(2022년 3,800만건 → 2023년 2억 9천만건)

국민체감사례

- 휴대전화 스팸 간편신고 기능 UI 개선을 통해 이용자가 편리하게 신고할 수 있도록 지원하여 신규 이용자 다수 유입

▶ 휴대전화 스팸 신고 편의성 개선(기사)

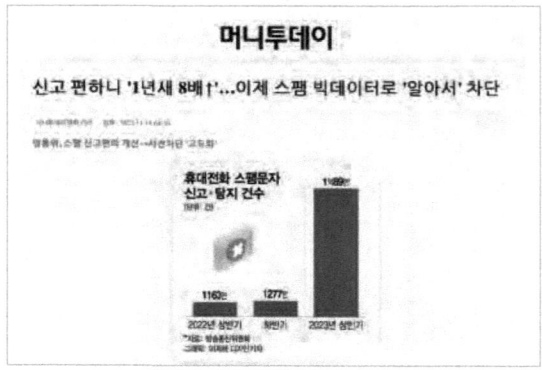

- ▶ 참여자 : 스팸신고 기능 이용자
- ▶ 내　용 : 스팸 신고 편의성 향상으로 신고 기능 이용자 증가 관련 기사
  머니투데이, 2023.11.14, 신고 편하니 '1년새 8배↑' … 이제 스팸 빅데이터로 '알아서 차단'
- ▶ 기사문 : 올 2월부터 국민 누구나 휴대전화에서 간편하게 불법 스팸문자를 신고할 수 있도록
  휴대전화 단말기의 '문자메시지 스팸 간편신고 기능'이 적용됐다.

- 기존에 서비스 이용이 불가했던 아이폰 이용자, PC 스팸신고 기능 이용자의 불법스팸 간편신고 앱 이용 관련 긍정적 후기 확인

▶ 불법스팸 간편신고 앱 이용자 후기

> 캡쳐본만 보내도 바로 처리해줘서 편하고 좋습니다!
> 　　　　　　　　　　　　　　　　　　　지**** [애플스토어 리뷰]

> 스팸문자들이 한번 오기 시작하더니 계속 며칠 간격으로 와서 불편했는데 이 어플을 알고 신고 했어요!!
> 　　　　　　　　　　　　　　　　　　　마*** [애플스토어 리뷰]

> 이벤트 덕분에 알게됐는데gg 편리한 점이 많네요!
> 　　　　　　　　　　　　　　　　　　　이** [플레이스토어 리뷰]

> 컴퓨터에서 스팸캅 등으로 신고하는 것보다 매우 간편해서 좋네요.
> 　　　　　　　　　　　　　　　　　　　전** [플레이스토어 리뷰]

- 휴대전화 스팸 간편신고 방법과 함께 사회적 상황을 악용한 불법스팸 관련 주의 안내문을 방통위 SNS 채널과 불법스팸대응센터 홈페이지(https://**spam.kisa.or.kr**)에서 확인할 수 있습니다.

지긋지긋한 불법스팸! 신고할 수 있는 앱이 있다고?!

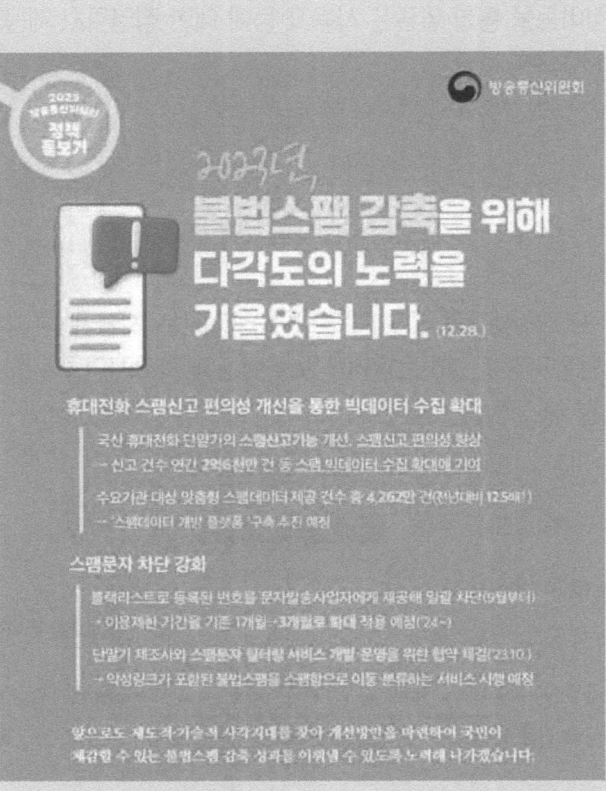

03. 335만 이용자 정밀위치 제공으로 긴급구조 사각지대 해소

> 긴급구조시 정밀위치가 제공되지 않던 자급제 단말, 유심이동 단말 등에 측위앱(측위모듈) 탑재를 완료하여 335만 이용자 단말의 긴급구조 사각지대를 해소하였습니다.

추진배경

- 이통3사의 위치정보의 품질개선 노력은 지속되고 있으나, 정밀위치정보 제공이 안되는 자급제·유심이동 단말 이용자는 재난·재해 등 긴급상황에서의 정밀 위치 파악 어려움으로 구조에 난항 발생

  ※ 울산 여성 살해 못 막은 알뜰폰 비극 … 민낯 드러낸 '안전 사각지대' (NEWS 1, 2022.8.4)

  ▶ 저가요금을 선호하는 고령층, 어린이, 사회초년생 등 사회적으로 약자 계층이 주로 사용하는 자급제폰과 유심이동을 통한 알뜰폰 사용자 등에 대한 정밀위치 제공으로 긴급구조 상황*에서의 생명과 재산을 보호

  * 긴급사례 : 고령자 뇌졸중, 아동 유괴, 스토킹·데이트 폭력 등

주요내용

- [사각지대 해소] 구조 요청자의 ① 사각단말에 해당하는 자급제·유심이동폰 등에 정밀위치 측정기능 탑재, ② 방통위가 운영하는 위치정보플랫폼에 사각지역 Wi-Fi 위치제공 확대를 통해 긴급구조 사각지대를 해소

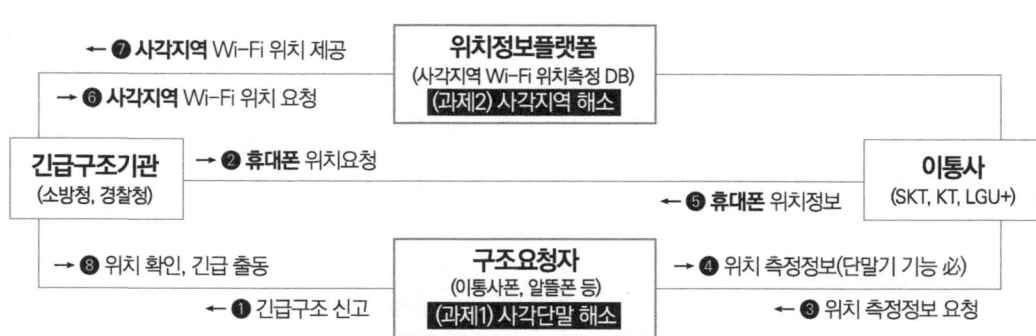

- ▶ (신형 단말) 2022.2월 이후 출시 단말은 이통3사의 긴급구조 정밀위치 측위를 사전 탑재하여 출시(116만)
- ▶ (구형 단말) 2022.1월 이전 출시 단말은 이통3사의 긴급구조 위치측위 모듈을 OS 업데이트 를 통해 사후 탑재(219만)
- [민관 협력체계 구축] 이통 3사, 제조사, 소방, 경찰 등 긴급구조기관, 과기정통부 등 관계부처 및 연구 기관 등 모든 이해관계자가 참여하는 협의체 구성 ▶ 의견수렴 및 합의과정을 통해 해결방안 도출

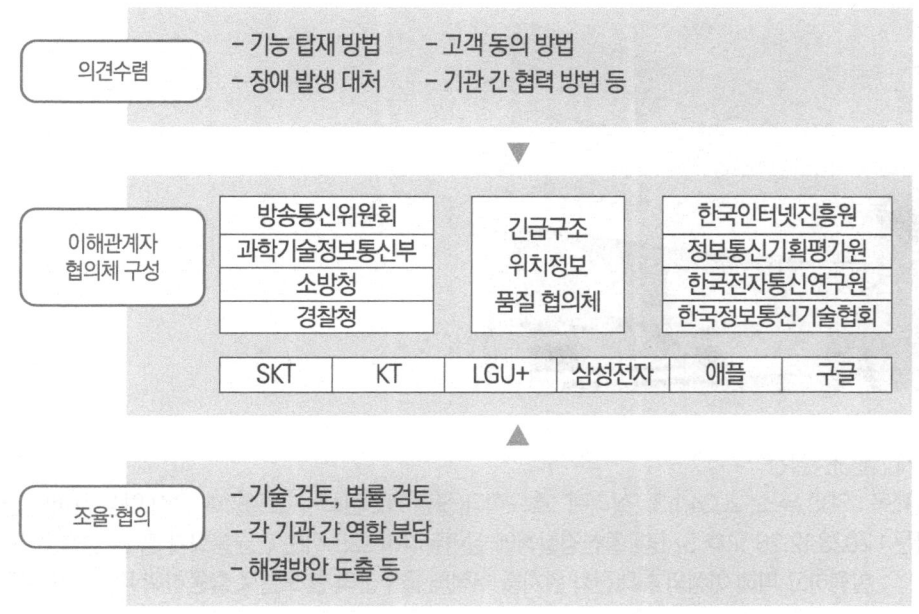

시행효과

- 자급제단말기와 유심이동된 335만*여 이용자 단말이 긴급구조 정밀위치 사각지대 에서 해소
  - ▶ 재난, 재해 등 긴급구조 상황에서 구조요청자의 생명과 재산을 보호하기 위한 긴급 구조 골든 타임 확보

2023.9월 이동통신 3사의 제출 현황 기준

구분	단말유형	방식	사각지대 해소 성과(이용자 단말 수)
신형 단말	2022. 2월 이후, 출시된 국산 안드로이드 단말	출시전 사전탑재	116 만
구형 단말	2020. 1월 ~ 2022. 1월 출시된 국산 안드로이드 단말	사후탑재 (원격 OS 업데이트)	219 만
합계			**335 만**

국민체감사례

- [긴급위치 추적 사례] "살려줘" 흐느끼다 끊긴 112 전화 수화기 너머로 들려온 울먹이는 여자의 목소리, 위급 상황임을 직감한 경찰은 휴대전화 위치 추적으로 범행 현장을 급습해 피해 여성을 구조하고 가해자를 체포

▶ 위치정보 추적을 통해 긴급구조 성공 사례 (기사)

- ▶ 연　계 : 울산경찰청
- ▶ 기사제목 : SBS 뉴스, 2024.1.3, "살려줘" 흐느끼다 끊긴 112 전화 … 모텔방에 갇힌 여성 찾아낸 경찰
- ▶ 기사문 : 2023.12.28 오후 5시경, 울산경찰청에 살려달라며 흐느끼는 긴급통화가 접수. 경찰은 즉시 '코드1'을 발령하고 피해 여성의 휴대전화 위치를 추적해 울주군의 한 모텔로 출동하여 피해자를 구조

- 기존에 서비스 이용이 불가했던 아이폰 이용자, PC 스팸신고 기능 이용자의 불법스팸 간편신고 앱 이용 관련 긍정적 후기 확인

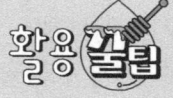

- 위급상황에서 긴급신고전화인 112·119·110만 기억해주세요.
  - ▶ 복잡한 신고전화번호를 기억하지 않아도 112, 119, 110 세 개 번호로만 전화하면 긴급신고를 할 수 있습니다.
  - ▶ 112, 119 긴급신고 시 신고내용, 정밀위치 정보, 전화번호 등 신고정보가 경찰·소방 등에 실시간으로 공유되므로 반복적으로 설명하지 않아도 되고, 긴급기관의 출동 등 공동대응도 빨라졌습니다.
  - ▶ 각종 민원상담 전화는 110으로 통합 운영됨에 따라 출동기관에 신고건수가 줄어들어 현장대응이 더욱 빨라졌습니다.

긴급구조 정밀위치 사각지대 단말 개선 카드뉴스

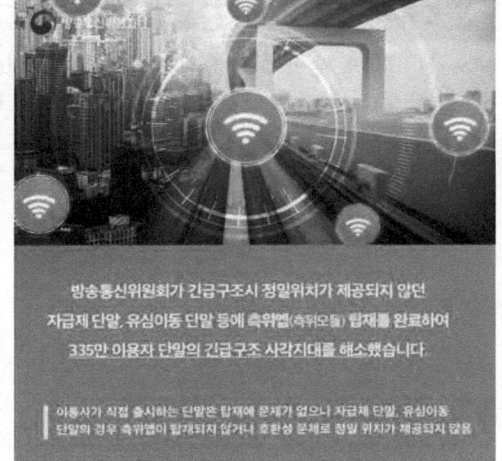
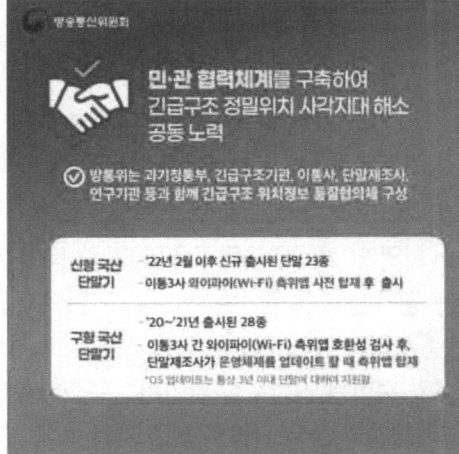
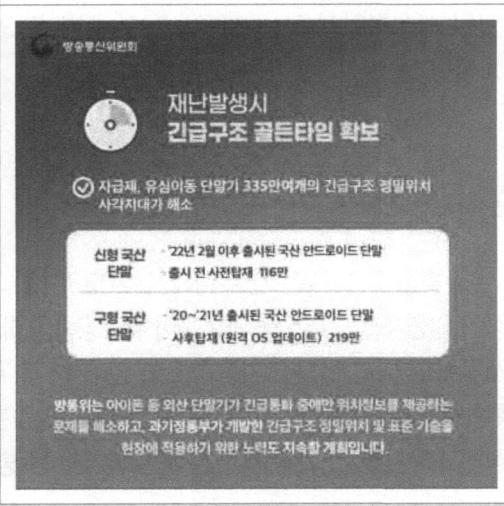

04 유료방송 해지시 대리인 제출 서류 선택권 확대

요양병원 등에 계신 장기입원자들을 대신해 가족들이 유료방송을 해지하는 경우 병명 등 민감한 정보가 포함되지 않은 서류로도 해지신청이 가능하도록 하였습니다.

추진배경

- 코로나19 등 사회적으로 입원 사례가 늘어나고, 고령화 사회가 지속되면서 장기요양·입원환자도 급등하는 추세임
- 그러나 유료방송사는 요양병원 장기입원자의 대리인이 해지 신청 시 병명 등 민감 정보가 포함된 입원 사실확인서 또는 진단서(뇌사, 치매 등 병명 기재) 등의 서류로 한정하다 보니, 민감한 정보 노출을 불편해 하는 이용자 존재

주요내용

- 「유료방송 자율개선 실무협의체 2023년도 제1차 회의(2023.3.23)에서 요양병원 등에 계신 장기 입원자들을 대신해 가족들이 유료방송을 해지하는 경우 병명 등 민감한 정보가 포함되지 않은 서류로도 해지 신청이 가능하도록 전체 18개 유료방송사업자 에게 권고
- 특히 인정되는 제출 서류로 병명 등 주요 민감한 정보가 포함된 입원사실 확인서, 진단서 등 대신 장기요양인정서, 요양원 입소 사실확인서 등 병명을 기재하지 않은 서류도 제출 가능

시행효과

- 인구 고령화로 요양병원 등에 장기입원 환자들이 증가하면서 지속되는 유료방송 해지 시 개인정보 보호 관련 민원에 대해 선제적 대응
  ▷ 요양병원에 장기간 입원 중인 이용자를 대신해 해지 신청 관련 서류 선택권 확대로 유료방송 해지관련 불편 감소

* 언론보도 '민원 개선에 대한 우수성 언론 보도'(2023.3.23, 방통위 보도자료) 연합 뉴스 등 7건

국민체감사례

2023.4월 민원인 A씨는 장기입원 중인 모친 명의의 IPTV 서비스를 해지하기 위해 유료방송사 콜센터로 문의하였음. 명의자인 모친은 투병중인 상황으로 직접 통화하기가 어려웠고, 무엇보다 구비서류를 제출하더라도 병명이 노출되는 것은 숨기고 싶었음. 다행히 상담원으로부터 입원자 대리인의 제출 서류가 간소화 되었다는 이야기를 듣고 정말 합리적으로 개선되었다고 생각되었음

가족의 장기 입원으로 인해 정신적으로 힘들었는데 병명 및 의사 소견서 없이 장기요양인정서만으로 해지처리가 완료되어 손쉽게 업무처리를 할 수 있었음. 민원인 A씨는 상담 과정에서 국민 편의를 위해 다른 서비스에서도 해지절차 간소화가 확대 시행되길 바란다고 요청하였음

입원요양에 대한 인정서류 확대 전

주요 민감한 정보가 포함된 입원사실 확인서, 진단서 등

입원요양에 대한 인정서류 확대 후

장기요양인정서, 요양원 입소 사실확인서 등 병명을 기재하지 않은 서류 가능

정책리뷰

유료방송 해지 시 대리인 제출 서류 선택권 확대

장기입원자의 대리인 해지 시 병명 미기재 서류도 제출 가능!

그동안 요양병원에 계신 장기입원자들을 대신해 가족들이 유료방송을 해지하는 경우 병명 등 주요 민감한 정보가 포함된 입원사실 확인서, 진단서 등으로 한정해 이용자들이 큰 불편을 겪어왔습니다.

이번 조치로 유료방송을 이용하는 장기입원 환자와 가족들의 불편을 줄일 수 있을 것으로 기대합니다

방송통신위원회

05 모바일 분쟁조정시스템 개시로 국민 편의성 증대

이용자의 통신분쟁조정 접근성을 강화하고, 분쟁을 신속하고 효율적으로 처리하기 위해 '통신분쟁조정지원시스템 모바일 서비스'를 개시하였습니다

추진배경

- 이용자의 통신분쟁조정 접근성을 강화하고, 분쟁을 신속하고 효율적으로 처리하기 위해 '통신분쟁조정 지원시스템 모바일 서비스' 개시(2023.8.30~)

주요내용

- [통신분쟁조정지원시스템 개선] 통신분쟁조정 절차 일체*를 모바일로 진행할 수 있도록 하는 서비스를 개시하여 이용자 편의성 제고
  * 통신분쟁조정 신청부터 피신청인 답변서 및 처리현황 조회, 분쟁조정 관련 서류 (조정안 수락서, 의견진술서 등) 제출, 조정결과 확인 등

| 모바일 메인화면 | 통신분쟁조정 모바일 신청 |

시행효과

- [모바일 통신분쟁조정] 통신분쟁조정 신청부터 피신청인 답변서 및 처리현황 조회, 분쟁조정 관련 서류(조정안 수락서, 의견진술서 등) 제출, 조정결과 확인까지 통신분쟁 조정과 관련된 모든 절차를 모바일에서 간편하게 진행할 수 있으며, 작성된 문서들은 모바일을 통해 쉽고 빠르게 검토할 수 있음
- [전자서명 서비스 제공] 기존에는 당사자(신청인 및 피신청인)의 서명이 필요한 조정 서류의 경우, 인쇄 후 서명·스캔하여 시스템에 올려야 하는 등 절차가 다소 번거로웠으나 전자서명 기능을 도입 하여 모바일에서 바로 서명할 수 있어 편의성 증대

국민체감사례

- 통신분쟁조정 신청 건 중 약 27%가 모바일을 통해 접수

▶ 통신분쟁조정지원시스템 PC·모바일 서비스 분쟁조정 신청 건수

구 분	'23년 8~9월	'23년 10월	'23년 11월	'23년 12월	합 계
PC (비율%)	95 -74.20%	94 -71.80%	85 -73.30%	84 -71.20%	358 -72.60%
모바일 (비율%)	33 -25.80%	37 -28.20%	31 -26.70%	34 -28.80%	135 -27.40%
합 계	128	131	116	118	**493**

- 휴대전화 등 모바일 기기에서 '**통신분쟁조정위원회**'를 검색하거나 통신분쟁조정지원시스템 웹 페이지 주소(www.tdrc.kr)를 입력하여 쉽게 접속가능

긴급구조 정밀위치 사각지대 단말 개선 카드뉴스

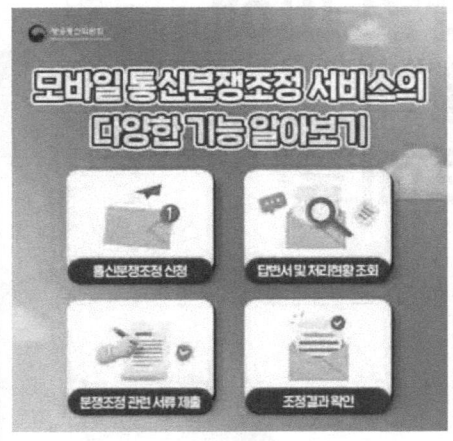

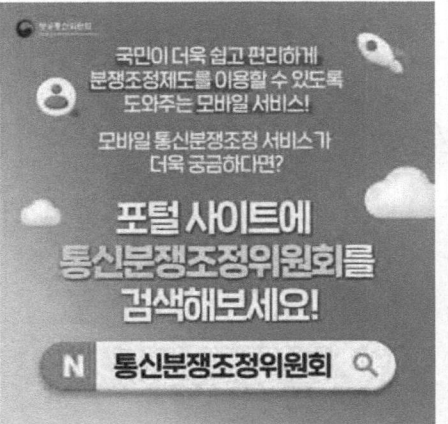

Chapter 2

온라인 피해 이렇게 보호해요!

 방송통신위원회는

온라인 폭력 대응 및 이용자 피해 구제를 위해
청소년보호 통합앱 '사이버안심존' 개발·보급과 대국민 피해지원 1대1 도우미인 온라인피해365센터 운영,
디지털플랫폼 서비스 장애 관련 이용자 보호 강화 추진, 앱마켓모바일콘텐츠 이용자 보호 안내서 발간 및 교육홍보
메타버스 이용자 보호 기본원칙 발표 등 이용자 피해 구제를 위해 적극 대응하였습니다.

Chapter 2

온라인 피해 이렇게 보호해요!

01 청소년보호 통합앱 '사이버안심존' 개발·보급	29
02 온라인피해365센터, 대국민 피해지원 1대1 도우미로	32
03 디지털플랫폼 서비스 장애 관련 이용자 보호 강화 추진	36
04 앱마켓모바일콘텐츠 이용자 보호 안내서 발간 및 교육홍보	39
05 메타버스 이용자 보호 기본원칙 발표	43

01 청소년보호 통합앱 '사이버안심존' 개발·보급

'사이버안심존앱'과 '스마트안심드림앱'을 통합하여 이용자 불편 사항을 해소해 편리성과 만족도를 높였습니다.

추진배경

- 청소년보호앱이 스마트폰 과의존 및 유해사이트 차단 기능의 '사이버안심존앱'과 사이버언어폭력 및 디지털성범죄 방지 기능의 '스마트안심드림앱'으로 이원화 되어 있어 두가지 앱을 사용하는 이용자 불편을 해소하고 보급 활성화를 위해 통합앱 개발·보급(2023.9.)

주요내용

- [이용불편해소] '사이버안심존앱'과 '스마트안심드림앱'에 각각 가입하고 각각 이용해야 하는 불편 사항 해소

기능통합 전후 비교

구분	사이버 언어폭력	자녀고민 검색	음란성 채팅문자	유해동영상 감지	사용시간 관리	스몸비 관리	몸캠피싱 관리	자녀 위치관리
안심드림	○	○	○	○				
안심존					○	○	○	○
통합 앱	○	○	○	○	○	○	○	○

- [보급 활성화] 이용자(학부모, 청소년, 교사)의 단일 앱 사용 및 보급(2023.9.)에 따른 편리성 및 만족도 제고로 이용자 확대 기반 마련

사이버안심존(통합) 전후 비교

시행효과

- [청소년 보호] 다양한 스마트폰 역기능*으로부터 청소년을 보호하고 학생·학부모·교사를 대상으로 스마트폰 역기능 예방 교육 등을 실시함으로써 청소년의 올바른 스마트폰 이용 환경조성

  * 음란물, 디지털성범죄, 유해정보 노출, 사이버언어폭력, 보행 중 스마트폰 사용 등

국민체감사례

- [만족도조사] "사이버안심존앱 이용자(학생·학부모·교사)를 대상으로 이용여부·인지도·불편한점·유해정보 차단기능 등에 대한 만족도를 조사한 결과 전년대비 상승

▶ 사이버안심존(통합) 만족도

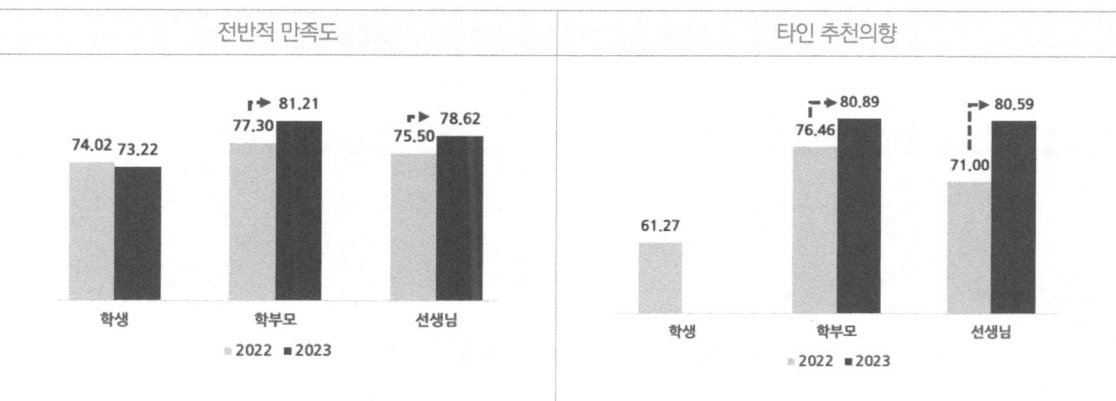

- [교육실시] 사이버안심존앱 이용자(학부모·교사)를 대상으로 스마트폰 역기능 및 사이버안심존 앱에 대해 311개 학교 총 60,290명 교육 실시(온라인 교육 포함)

▶ 사이버안심존(통합) 교육

2023.10.19. 경기도 소재 원미초등학교

2023.11.16. 목포 산정초등학교

- 국내 오픈마켓 원스토어(ONE store)에서 무료로 사이버안심존 앱(부모용/자녀용) 다운로드 설치
  (홈페이지 : www.사이버안심존.kr / 고객센터 : 1660-0262)

02 온라인피해365센터, 대국민 피해지원 1대1 도우미로

> 온라인 상의 각종 피해에 대해 1:1 도우미 방식으로 심층상담을 진행하고 사후관리 체계를 갖추었습니다.

◉ 추진배경

- 온라인서비스 이용자 피해와 관련한 제도·정책이 소관에 따라 기관별로 흩어져 있어, 온라인상 피해에 대한 체계적·통합적 대응 필요
- 기관별로 흩어져 있는 온라인 상 피해구제 관련 제도에 대해 종합적·체계적으로 안내·지원하기 위해 '온라인피해365센터' 구축·운영(2022.5.31~)

◉ 주요내용

- [원스톱 피해구제 지원] 기관별 다른 제도와 복잡한 절차로 피해구제에 어려움이 있었으나, 온라인 상 피해에 대한 '원스톱 통합상담창구'로서 신속한 피해구제 지원 가능
- [온라인서비스 피해지원 강화] 온라인 상 각종 피해에 대해 1:1 도우미 방식으로 심층상담을 진행하고, 상담 후에도 신속히 피해구제를 받을 수 있도록 사후관리 서비스를 제공하는 한편 「온라인피해상담사례집」을 발간하여 피해예방과 사전진단 지원
- [대국민 참여 생활밀착형 운영] 상담센터 개소 1주년 기념 센터의 역할과 기능을 담은 대국민 슬로건 공모전을 개최하여 365센터 인지도 제고
  ※ 방통위 위원장(2023.10.18), 사무처장(2023.10.19) 365센터 현장을 방문하여 생활밀착형 정책추진 당부
  ※ 大賞(대상) : 온라인피해 없는 세상, 모두가 행복한 대한민국
  ▶ 상담센터 개소(2022.5월)에 맞춰 대국민 명칭공모를 진행하여 대상(大賞)으로 선정된 명칭 (온라인피해 365센터)을 공식 명칭으로 사용 중(2022.5월~)

시행효과

- 온라인서비스 전반의 모든 피해에 대해 소관을 구분하지 않고 상담하여 국민들의 만족도가 매우 높고 다수의 칭찬민원 등이 국민신문고*를 통해 유입
  ※ 온라인피해365센터 상담사가 자세히 알려 주셔서 차근차근 진행할 수 있었습니다. 중간에 격려도 많이 해주셔서 안심이 많이 되었습니다. 주변 지인에게 이런 일이 발생한다면, 온라인피해365센터를 꼭 추천할 것입니다.
- 온라인서비스 전반의 모든 피해에 대해 소관을 구분하지 않고 상담하여 국민들의 국회 입법조사처가 국민에게 좋은 정책으로 선정(2023.8.25)했고, 기재부 국민 참여단의 365센터참여예산사업 현장 실사 중, '국민들에게 실질적인 도움을 주는 매우 좋은 사업'이므로 확대운영 필요하다고 강조 (2023.11.14)

국민체감사례

칭찬민원 (국민신문고)

스미싱 당해 신분증, 계좌번호 전달	본사 A/S 거부	본인 동의 없이 홈페이지에 사진 게시
금전 피해·명의도용 통신개통될까 두려움 호소	**음식물쓰레기 처리기 구매 후 고장 A/S 신청 본사에서 A/S 거부, 시설 A/S업체에서 수리비 발행**	**OO구청에서 주관한 행사에 참여, 개인 동의 절차 없이 해당 구청이 구청 홈페이지에 신청인 사진 게시**
신청인은 모친이 스미싱을 당한 상황, 가족은 어떻게 대응할 지 막막, 인터넷 검색을 통해 온라인 피해 365센터 인지 후 상담하여, 심리적 안정과 함께 스미싱에 따른 피해 예방 및 명의도용에 대한 체계적인 대처방안을 안내받고 신속히 조치, 상담센터의 사후관리를 통해 추가적인 도움받아 큰 피해를 막았다며 매우 감사함을 전함.	온라인으로 구매한 제품의 제조사가 A/S를 거부하여 자비로 부담한 수리비에 대해 불만이 많은 상태였으나, 상담센터의 품질보증기간 확인 및 소비자분쟁 해결방안 안내를 받아 관련기관의 중재를 통해, 시설 A/S를 받은 비용을 보상받는 것에 합의하여 금전적 보상을 받은 것에 대해 만족해 하며 감사함을 전함.	신청인은 별도의 동의절차 없이 게시된 사진에 대해 당혹감을 느끼며 삭제되기를 원했고, 익명으로 처리되기를 원했음. 이에 상담센터는 OO구청 담당부서에 연락, 익명의 신청인의 의견을 전달하였고 삭제 조치되었음. 신청인은 상담센터 덕분에 빠르게 해결되었다며 감사함을 전함.

 국민신문고   국민신문고

제품 미배송 및 연락두절	계약과 다른 과도한 요금 발생	개인간 중고거래 후 미고지 하자 발생
온라인 사이트에서 가방을 구매했으나, 배송되지 않고 판매자 연락 두절	**휴대폰 단말기 무료제공으로 계약체결을 하였으나 단말기 금액 요금 포함**	**OO팟 중고거래를 하였으나, 새상품급이라는 설명과 달리 다수의 찍힘 자국 등 하자가 확인**
신청인은 온라인에서 가방을 카드 할부로 구매했으나 배송되지 않고 판매자는 연락 두절되는 피해를 겪고 있었음. 상담을 통해 신용카드사에 할부 항변권 행사를 요청하고 추가 대처방안을 안내받고 신속히 조치, 이후 카드결제 취소되었음. 신청인은 온라인 사기를 당해 당황스러웠는데 상담원이 자신의 일처럼 성심성의껏 일이 해결될 때까지 도와주셔서 큰 피해를 막았다며 감사함을 전함.	신청인은 휴대폰 단말기 무료제공으로 계약을 체결하였으나, 단말기 금액이 요금에 포함됨. 통신분쟁조정위원회 분쟁조정 신청접수와 통신사 고객센터에 민원 접수 등의 대처방안을 안내하였고, 신청인은 안내에 따라 조치하여 통신사로부터 추가 비용 발생부분에 대해 전액 면제 조정, 상담원이 공감해주고 해결방안을 제시해 주셔서 피해를 잘 해결했다며 감사함을 전함.	신청인은 OO장터에서 새상품 수준의 상태라고 주장하는 OO팟을 중고로 구매하였음. 상품을 받고 확인해보니, 고지하지 않은 다수의 찍힘 자국 등 하자가 확인됨. 전자거래분쟁조정위원회, 민사소송방법, 더치트 등록 등 다방면의 대처방안을 안내하였고, 안내된 내용을 토대로 피신청인에 주장한 결과 전액을 환불조치 받음. 혼자였으면 포기했을 텐데 센터에 도움으로 해결했다며 감사함을 전함.

 활용꿀팁

- 전화(국번없이 142-235), 카카오톡 채널, 우편, 온라인피해365센터홈페이지(www.helpos.kr)로 '온라인 상담' 신청

온라인 피해지원 도우미 [온라인피해 365센터]

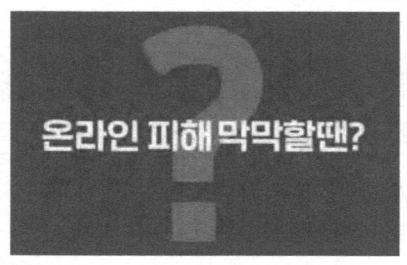
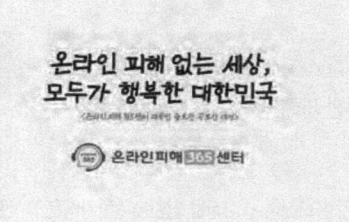

온라인피해 365센터

알아두면 쓸데있는 방송통신 정보통 카드뉴스

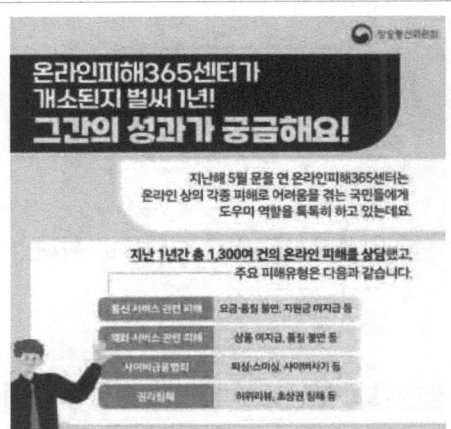

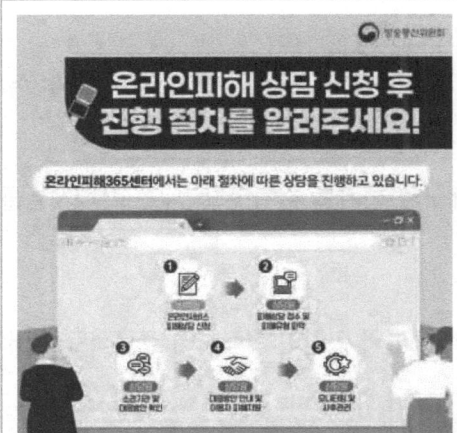

디지털플랫폼 서비스 장애로 인한 이용자 혼란과 피해를 예방하기 위해 서비스 중단 고지의무를 강화하고, 실질적 피해구제를 위한 불합리한 이용약관 개선, 서비스 장애 이용자 보호 가이드라인 마련 등 제도개선을 적극 추진하였습니다.

추진배경

- 2022.10월 판교 데이터센터(IDC) 화재에 따른 카카오서비스 중단 (완전 복구까지 5일 여 소요)등에 따른 국민 불편·피해를 계기로 디지털플랫폼 서비스 안정화 및 이용자 보호대책 등을 강구

주요내용

- [이용자 고지] 부가통신 고지대상을 기간통신과 동일하게 2시간 이상 중단으로 확대하고, 무료 서비스의 경우도 2시간 이상 중단 시 고지
  ※ 이용자가 고지받을 수 있는 수단에 SNS 추가

- [손해배상] 약관상 손해배상 조항을 이용자 친화적이고 투명성을 높이는 방향으로 개선하고, 사업자의 과도한 면책을 제한
  ※ (예시) 사업자의 중대한 과실인 경우 손해배상 → 사업자의 과실이 있는 경우로 개선

- [피해구제] 실질적인 피해구제를 위해 이용자 다수(단체)가 분쟁조정을 일괄 신청할 수 있도록 집단분쟁조정제도 도입 검토

- [이용자보호 평가] 통신장애 예방 및 대응·피해구제 평가를 강화하고, 대규모 디지털플랫폼에 대한 이용자보호업무 평가를 도입
  ※ 국민 80% 이상이 이용하는 구글·네이버·카카오 3개사 별도 평가 시행('23. 6.~)

- [가이드라인] 서비스 장애 시 이용자 보호를 위해 정부와 민간이 협력하여 효율적으로 대처할 수 있는 공통 매뉴얼 마련 추진
  ※ 피해접수 전담창구 개설, 피해현황 분석, 불만처리 및 분쟁해결 노력 등

국민체감사례

- 통신망의 고도화, 스마트폰의 도입 및 통신서비스 이용방식 변화 등을 고려, 이용약관을 개선하여 통신서비스 제공 중단에 따른 이용자 피해에 대해 폭넓은 배상이 이루어지도록 기준 금액을 대폭 확대
  ▶ 통신3사는 이용약관 개선(2022.6)하여 손해배상 기준시간 3→2시간 단축, 기준금액 10배 확대

▶ 이용약관 상 통신장애 시 손해배상 기준 개선 사항(요약)

구 분		개선 전	개선 후
초고속 인터넷	배상기준 장애시간	**연속 3시간** 이상 또는 1개월 누적 6시간 초과	**연속 2시간** 이상 또는 1개월 누적 6시간 초과
	배상기준 금액	장애시간 요금의 **6배** 상당	장애시간 요금의 **10배** 상당
이동 전화	배상기준 장애시간	**연속 3시간** 이상 또는 1개월 누적 6시간 초과	**연속 2시간** 이상 또는 1개월 누적 6시간 초과
	배상기준 금액	장애시간 요금(월정액 및 부가 사용료)의 **8배** 상당	장애시간 요금(월정액 및 부가 사용료)의 **10배** 상당

※ 모 통신회사의 경우 일부 통신 장애가 발생하였고 배상기준(2시간 이상)에는 미치지 못했으나 자체보상 하기도 하였음

- 통신서비스가 중단되는 경우, 이용자의 신청이 없어도 다음 달에 자동으로 요금반환이 이루어진다. (다만, 고객의 과실 등 예외 사유에 해당되지 않아야 함)

디지털플랫폼 서비스 장애 관련 이용자 보호 강화 추진

디지털플랫폼 서비스 장애 관련 이용자 보호 강화방안 카드뉴스

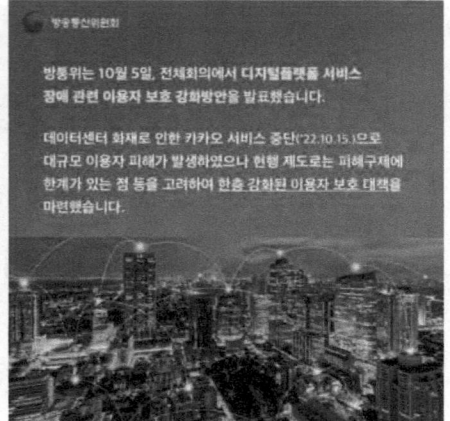

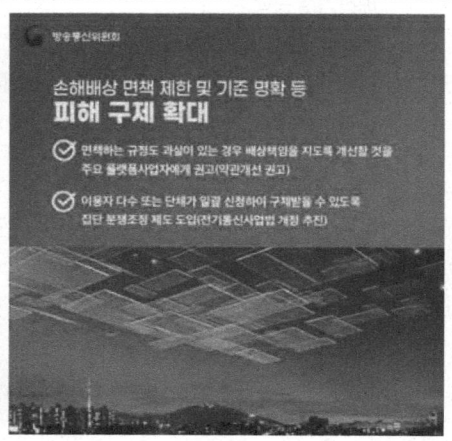
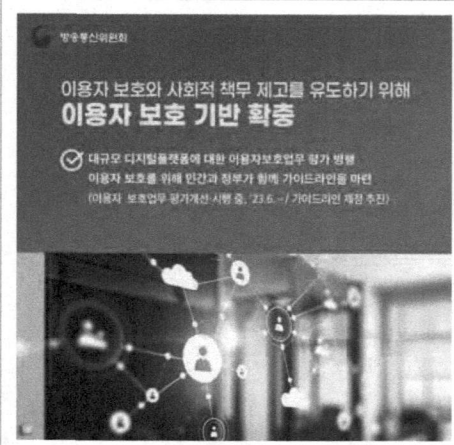
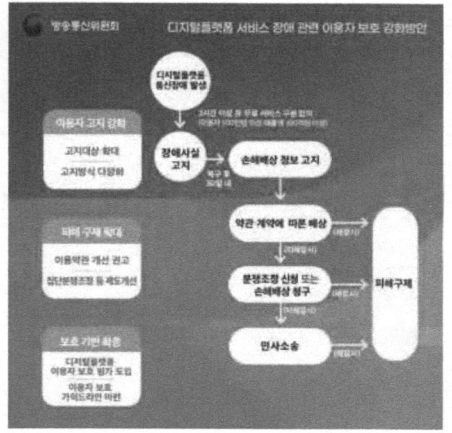

04 앱마켓 모바일콘텐츠 이용자 보호 안내서 발간 및 교육홍보

앱마켓 모바일콘텐츠 이용자의 결제·환불 관련 피해 예방을 위해
「앱마켓·모바일콘텐츠 이용자 보호 안내서」를 발간·배포 하였습니다.

추진배경

- 앱 마켓사업자의 이용자 보호 관련 전기통신사업법령 개정에 따라 법령준수 유도 및 이용자 피해 예방 및 권익 보호를 위해 앱 마켓사업자·모바일콘텐츠 제공사업자 준수사항 등을 담은 안내서 마련

주요내용

- 전기통신사업법 시행령 제30조의9(앱 마켓사업자의 이용자 보호)('22.3.15 시행)에 따라 법령 준수 유도와 이용자 피해 예방을 위해 앱 마켓사업자 의무사항과 모바일콘텐츠 제공사업자 권고사항을 최근 사례를 들어 알기 쉽게 설명하는 안내서 마련

  ▶ 앱마켓·모바일콘텐츠 이용자 보호 안내서 주요 내용

  ▲ 결제·환불 관련 사항 등 이용약관 명시
    ▶ 모바일콘텐츠 등 제공사업자의 정보
    ▶ 모바일콘텐츠 등의 이용계약에 관한 정보를 확인할 수 있는 방법
    ▶ 결제 및 환불에 관한 불만 처리방법
  ▲ 이용약관 변경사항 공지
    ▶ 이용자에게 불리하게 변경하는 경우 30일 전까지 앱마켓 접속화면 또는 접속화면과의 연결화면(필요시 홈페이지)에 게시
  ▲ 이용자 불만처리 및 결과 통지
    ▶ 결제·해지·환불 등에 관한 이용자 불만 접수 시 제공사업자에게 내용을 전달하고 이용자가 처리 결과를 통지 받을 수 있도록 노력
    ▶ 계약해지 절차를 마련하고 안내

▲ 결제방식 제공 시 환불·해지 등 안내
　▶ 결제 전 요금, 이용기간, 정기결제 여부, 환불정책 등 중요사항 고지
　• 「앱마켓·모바일콘텐츠 이용자 보호 안내서」 위원회 보고(6.21)
　• 앱 마켓사업자 등을 대상으로 안내서 배포 및 설명회 개최(6.27, 6.30, 방통위)

• 안내서 관련 온라인콘텐츠를 제작하여 앱결제안심터 홈페이지 및 블로그·SNS 채널 등에 게시하고 관련 이벤트 등을 진행하여 이용자가 관련 정보를 손쉽게 확인할 수 있도록 지원

동영상 제작

앱결제 안심터 게시

퀴즈 이벤트

블로그 SNS 홍보

시행효과

- [결제·환불 피해예방] 앱 마켓 사업자를 대상으로 안내서 설명회를 개최하여 결제·환불 관련 불만 처리방법, 이용자 불만처리 및 결과 통지 등에 관한 상세 지침을 안내하여 모바일 앱 이용자의 앱 결제·환불 관련 피해를 사전 예방할 수 있도록 지원

- 앱 결제·환불 관련 내용을 확인하고 싶다면 안내서를 확인하세요
  - 앱마켓·모바일콘텐츠 이용자 보호 안내서를 통해 환불정책 및 해지방법과 관련된 예시, 앱마켓 사업자·모바일콘텐츠 등 제공사업자의 의무사항 확인 가능

정책 돋보기

앱마켓 모바일 콘텐츠 이용자 보호 안내서 발간

방송통신위원회

앱 마켓 사업자 의무사항과
모바일콘텐츠 제공사업자 권고사항 설명서

주요내용 알아보기

결제·환불 관련사항 등 이용약관 명시
- 모바일콘텐츠 등 제공사업자의 정보
- 모바일콘텐츠 등의 이용계약에 관한 정보를 확인할 수 있는 방법
- 결제 및 환불에 관한 불만 처리방법

이용약관 변경사항 공지
- 이용자에게 불리하게 변경하는 경우 30일 전까지 앱마켓 접속화면 또는 접속화면과의 연결화면(필요시 누리집)에 게시

이용자 불만처리 및 결과 통지
- 결제·해지·환불 등에 관한 이용자 불만 접수 시 제공사업자에게 내용을 전달하고 이용자가 처리 결과를 통지 받을 수 있도록 노력

결제방식 제공 시 환불·해지 등 안내
- 결제 전 요금, 이용기간, 정기결제 여부, 환불정책 등 중요사항 고지
- 계약해지 절차를 마련하고 안내

05 메타버스 이용자 보호 기본원칙 발표

메타버스 이용자들이 안전하고 편리하게 서비스를 이용할 수 있도록
「메타버스 이용자 보호 기본원칙」을 마련 하였습니다.

추진배경

- 메타버스(Metaverse)*는 가상과 현실이 연계됨으로써 경제적으로는 새로운 기회를 창출하고 이용자들에게 실재감과 몰입감 높은 경험을 제공하나, 매개체(아바타)의 익명성을 기반으로 다양한 문제 발생 우려

  *가상·초월을 의미하는 Meta와 세계·우주를 의미하는 universe를 합성한 신조어로 가상·현실의 융합 공간에서 사람·사물이 상호작용하며 경제·사회·문화적 가치를 창출하는 세계

▶ 지능정보사회 이용자 패널조사 메타버스 조사 주요결과

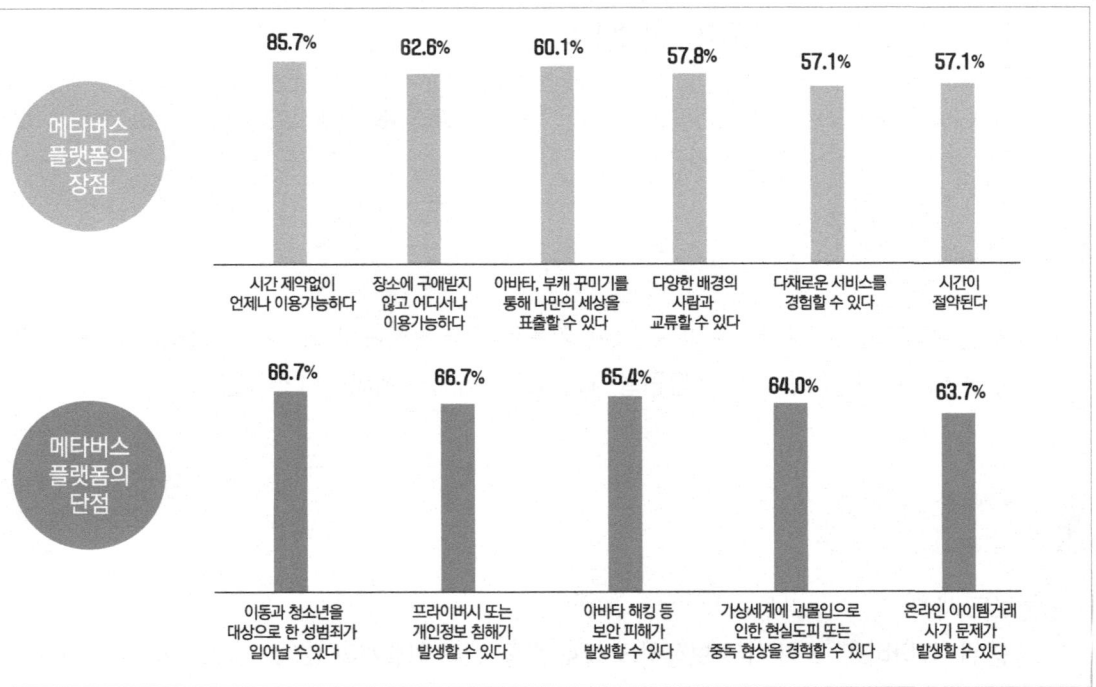

메타버스 플랫폼의 장점
- 시간 제약없이 언제나 이용가능하다: 85.7%
- 장소에 구애받지 않고 어디서나 이용가능하다: 62.6%
- 아바타, 부캐 꾸미기를 통해 나만의 세상을 표출할 수 있다: 60.1%
- 다양한 배경의 사람과 교류할 수 있다: 57.8%
- 다채로운 서비스를 경험할 수 있다: 57.1%
- 시간이 절약된다: 57.1%

메타버스 플랫폼의 단점
- 아동과 청소년을 대상으로 한 성범죄가 일어날 수 있다: 66.7%
- 프라이버시 또는 개인정보 침해가 발생할 수 있다: 66.7%
- 아바타 해킹 등 보안 피해가 발생할 수 있다: 65.4%
- 가상세계에 과몰입으로 인한 현실도피 또는 중독 현상을 경험할 수 있다: 64.0%
- 온라인 아이템거래 사기 문제가 발생할 수 있다: 63.7%

(2022.10 ~ 2023.1, 5,378명 대상)

주요내용

- 메타버스 서비스의 신뢰성을 제고하고 이용자의 불편을 해소하기 위해 메타버스 플랫폼 서비스 제공 사업자에게 권고되는 자율규범으로 '메타버스 이용자 보호 기본원칙' 마련
  - ▶ ▲ 민주적 공동체 ▲ 신뢰 기반 환경 ▲ 경제적 기회 보장이라는 큰틀에서 이용자와 메타버스 산업이 동반성장 할 수 있도록 이용자 보호 기본원칙을 마련하여 사업자가 자율적인 규범체계를 마련토록 제시

▶ **메타버스 이용자보호 기본원칙**

① [공동체 가치 형성] 가상주체 등 매개체를 통한 소통과 교류가 자아 실현과 표현의 자유를 최대한 보장하되, 상호 존중과 배려를 기초로 보편타당한 공동체 가치를 형성하고 보호하도록 합니다.

② [이용자 참여 보장] 이용자가 제품·서비스의 운용 원리·정책을 이해할 수 있도록 하고, 이용자 권익에 관한 주요 사항에 대해 의견을 제시할 수 있는 적정 절차를 갖추어야 합니다.

③ [이용자 갈등 조정] 이용자 간에 발생하는 갈등을 합리적으로 조정하고, 기본적인 소통과 교류의 방식에 관하여 이용자에게 선택권을 부여하기 위해 노력합니다.

④ [공정한 경제활동 보호] 메타버스에서 유통되는 디지털 재화·서비스 등의 거래가 공정하고 합리적이며 비차별적인 조건으로 이루어지도록 하고, 지식재산권의 침해를 방지해야 합니다.

⑤ [데이터 통제권 보장] 이용자가 본인과 매개체의 데이터를 손쉽게 효과적으로 관리·통제·활용할 수 있는 권리를 보장해야 합니다.

⑥ [지속가능발전 지향] 제품·서비스의 지속가능발전목표(Sustainable Development Goals)를 위한 노력을 공개하고, 메타버스가 이용자의 신체적·정신적 건강 및 사회·문화·환경·경제 등에 미치는 장기적인 영향을 연구하기 위해 노력합니다.

※ 사업자가 자율적으로 기본원칙을 반영할 수 있도록 방통위는 아바타에 대한 성추행·스토킹 제한, 사이버 불링* 신고·제재조치, 대체불가토큰(NFT) 구매자 이전 권리 등 이용자 보호를 위한 구체적인 방안을 담은 실천규범(안) 제시

시행효과

- 기술 발전에 따른 신규 서비스에도 적용 가능한 기본원칙을 메타버스 사업자가 약관·서비스 운영규정 등에 반영하여 이용자 불편을 해소하고 메타버스 서비스의 신뢰성 제고에 기여

국민체감사례

- 언론보도 사례
  - ▶ 방통위 "메타버스, 표현 자유 보장하되 상호 존중·배려 이뤄져야"(2023.11.30. 서울파이낸스)
  - ▶ "아바타 성추행 제한"… 방통위, 메타버스 보호 원칙 발표(2023.11.30. 뉴시스)등 13건

 정책 돋보기

메타버스 이용자 보호 기본원칙

1. 공동체 가치 형성
가상주체 등 매개체를 통한 소통과 교류가 자아 실현과 표현의 자유를 최대한 보장하되, 상호 존중과 배려를 기초로 보편타당한 공동체 가치를 형성하고 보호하도록 합니다.

2. 이용자 참여 보장
이용자가 제품·서비스의 운용 원리·정책을 이해할 수 있도록 하고, 이용자 권익에 관한 주요 사항에 대해 의견을 제시할 수 있는 적정 절차를 갖추어야 합니다.

3. 이용자 갈등 조정
이용자 간에 발생하는 갈등을 합리적으로 조정하고, 기본적인 소통과 교류의 방식에 관하여 이용자에게 선택권을 부여하기 위해 노력합니다.

4. 공정한 경제활동 보호
메타버스에서 유통되는 디지털 재화·서비스 등의 거래가 공정하고 합리적이며 비차별적인 조건으로 이루어지도록 하고, 지식재산권의 침해를 방지해야 합니다.

5. 데이터 통제권 보장
이용자가 본인과 매개체의 데이터를 손쉽게 효과적으로 관리·통제·활용할 수 있는 권리를 보장해야 합니다.

6. 지속가능 발전 지향
제품·서비스의 지속가능발전목표(Sustainable Development Goals)를 위한 노력을 공개하고, 메타버스가 이용자의 신체적·정신적 건강 및 사회·문화·환경·경제 등에 미치는 장기적인 영향을 연구하기 위해 노력합니다.

 방송통신위원회

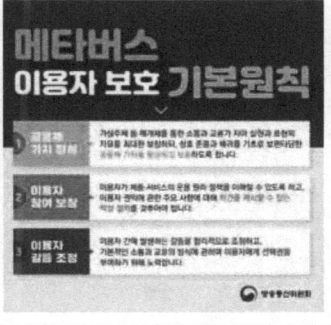
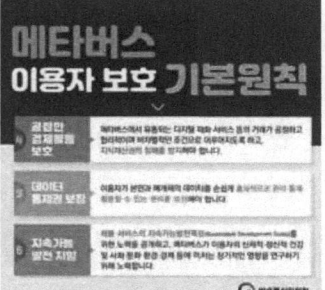

Chapter 3

미디어복지 함께 누려요!

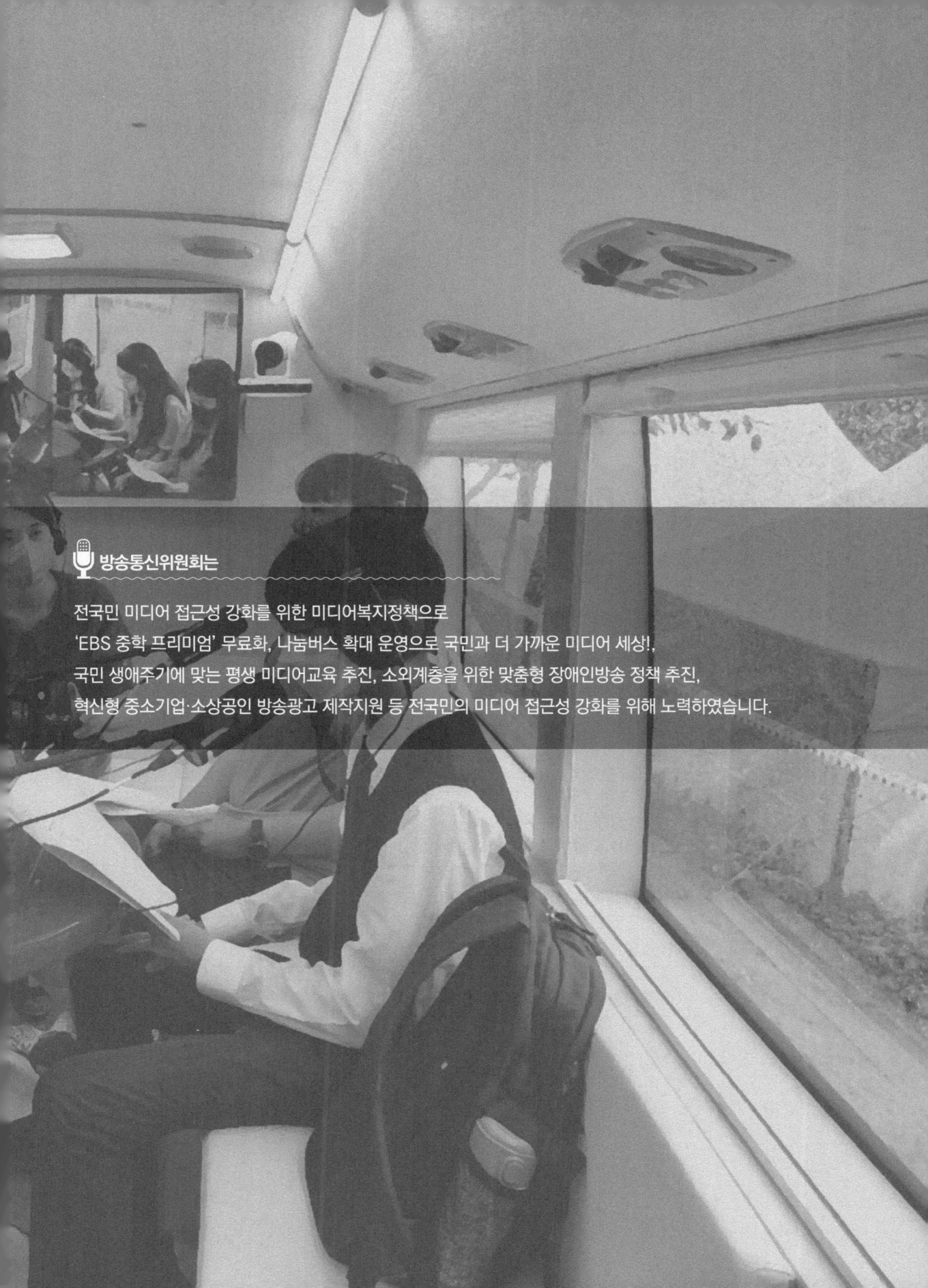

🎙 **방송통신위원회는**

전국민 미디어 접근성 강화를 위한 미디어복지정책으로
'EBS 중학 프리미엄' 무료화, 나눔버스 확대 운영으로 국민과 더 가까운 미디어 세상!,
국민 생애주기에 맞는 평생 미디어교육 추진, 소외계층을 위한 맞춤형 장애인방송 정책 추진,
혁신형 중소기업·소상공인 방송광고 제작지원 등 전국민의 미디어 접근성 강화를 위해 노력하였습니다.

Chapter 3

미디어복지 함께 누려요

01 'EBS 중학 프리미엄' 무료화	49
02 시청자미디어센터 신규 구축, 　　나눔버스 확대 운영으로 국민과 더 가까운 미디어 세상!	53
03 국민 생애주기에 맞는 평생 미디어교육 추진	57
04 소외계층을 위한 맞춤형 장애인방송 정책 추진	61
05 혁신형 중소기업·소상공인 방송광고 제작지원	65

01 'EBS 중학 프리미엄' 무료화

중학생 대상 유료 온라인 교육 서비스인 "EBS 중학 프리미엄" 강좌(71만원/年)를 전면 무료로 전환하였습니다.

◉ 추진배경

- EBS가 기존에 유료로 제공하던 학습 콘텐츠 사이트인 '중학프리미엄'을 사교육비 절감을 위한 정부정책에 따라 방통위·교육부가 2023년부터 무료화 전환사업 추진(2023년 예산 23.7억원)

◉ 주요내용

- EBS 중학프리미엄강의 무료 전환(2023.7.17)
  - ▶ 2008년 개시된 유료 서비스(월 9.9만원, 연간 71만원)이며, 무료 콘텐츠와 구별 되는 교과서·문제집 문제풀이 중심의 온라인 학습콘텐츠 전면 무료화
  - ▶ 기존 중학프리미엄 3만여편 강의 무료제공 외에도 신규 강의 4,194편 추가 제작
- 이용률 제고 및 학습동기 부여를 위한 활용수기 설명회 등 개최
  - ▶ 학습 활용수기 공모전(2023.9.25~11.12, 우수학습활용 사례 80명 선정 및 시상), 겨울방학 학습전략설명회(2023.12.16) 등을 개최

무료전환 보도

학습전략설명회

학습활용수기 공모전

시행효과

- 연간 1,600억원 이상의 사교육비 부담 경감 효과
  - ▶ 유료화 이전 14,362명에서 2023년 12월말 기준 이용자 수가 229,089명으로 16배 증가
  (1인당 연간 71만원 수준 사교육비 절감)

유료화 이전	2023년 12월 말
14,362명 →	**229,089**명

  - ▶ 고품질의 온라인 강의 제공으로 지역·소득에 따른 접근성 격차 해소에도 기여

- 만족도 조사 결과, 학부모는 사교육비 절감 도움 정도 79.5% 긍정, 자녀학습 도움 정도 89.3% 긍정 평가를 받고,
  - ▶ 학생은 강좌(강의) 만족도 91점, 전반전 만족도 90.7% 평가를 받아 국민이 직접 체감하는 정책효과 탁월

사교육비 절감 도움 정도	자녀학습 도움 정도	학생 강좌 만족도	전반적 만족도
긍정 **79.5%**	긍정 **89.3%**	**91**점	**90.7%**

국민체감사례

- 다수의 학생들이 학원을 다니지 않고도 중학프리미엄 강의를 자기주도 학습에 활용하거나, 성적향상을 이루고 있음

> 이제 곧 중학생이되는 영재교육원생입니다. EBS 중학을 통해 학원 하나 다니지 않고 혼자 자기주도 학습을 하게 되었습니다. 그렇게 열심히 공부하고 테스트 100점을 맞았습니다. 무료로 다양한 강의를 볼 수 있고 자기 주도 학습 능력까지 향상 시켜주니 저만 알고 싶지만 저만 알기 아깝습니다~ 곧 들어갈 중학교 전교 1등을 노려보겠습니다~
>
> 학생 박*은

> 저는 대안학교 다니면서 자기주도학습을 배우고 있는데 EBS 강의로 교과 과목 진도를 나가면서 개념 노트도 정리하고 검사도 맡아요. 그런데 이번에 EBS 프리미엄 무료화 되면서 들을 수 있는 강의 폭이 넓어져서 완전완전 좋아졌어요!! EBS 강의로 자기주도 학습 하는거 추천합니다 EBS 감사합니다~~!
>
> 학생 방*민

- **[신청방법]** EBS중학프리미엄 사이트 접속 → '프리패스 무료 신청하기' 선택으로 무료 수강 가능

무료신청 방법

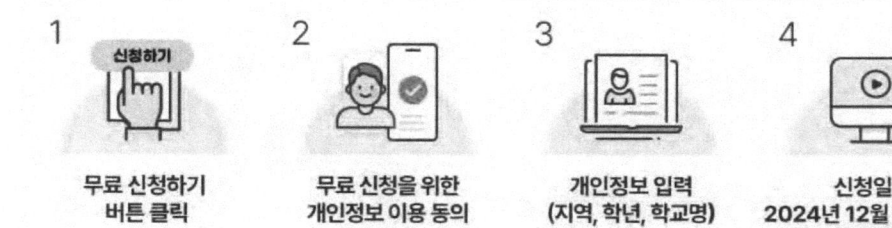

- **[유료회원 환불방법]** 무료화 이후 기존 유료회원에 대한 잔여 수강기간 강의료 환불 조치(환불계좌으로 신청 필요)

환불신청 방법

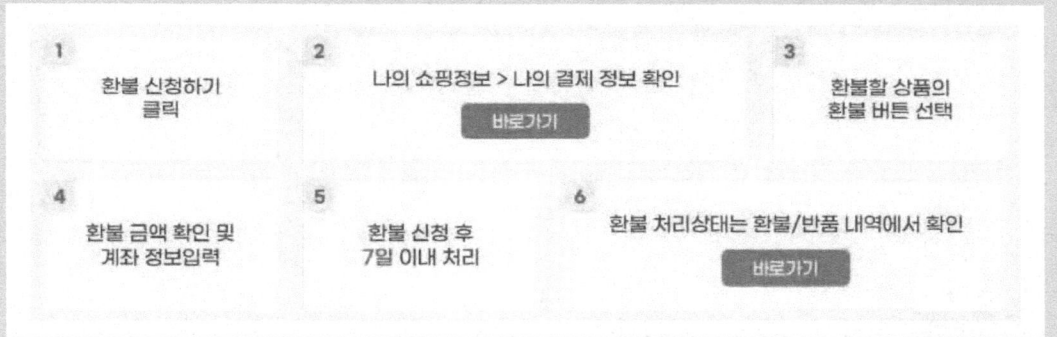

- **[학습진도율 관리 및 추천서비스]** 강좌(강의)별 학생의 학습 기간과 완강율 등 학습현황 정보 및 학습관리 서비스 제공

EBS 중학 프리미엄 전면 무료 전환

02 시청자미디어센터 신규 구축, 나눔버스 확대 운영으로 국민과 더 가까운 미디어 세상!

미디어 접근 소외지역 및 소외계층에게 미디어 교육·체험 기회를 제공하여
미디어 이용격차를 해소하기 위해 찾아가는 미디어 나눔버스 운영을 확대 하였습니다.

추진배경

- 급격하게 변화하는 미디어 환경과 디지털의 일상화에 따라 국민이 보편화된 미디어 생활을 차별 없이 누릴 수 있는 환경 필요
  - ▶ 국민 누구나 격차 없이 미디어를 이해·활용하고 창작하기 위한 인프라 필요
  - ▶ 소외지역·계층의 미디어 접근성 제고를 위해 방송 시설·장비가 탑재된 '찾아가는 미디어 나눔버스' 운영 필요

주요내용

- **[시청자미디어센터 추가 구축]** 12개 광역시·도*별 미디어 교육의 거점으로서 공동체 미디어 활성화 지원 및 시청자 권익증진의 허브 역할 수행하기 위한 센터구축·운영
  * 부산, 광주, 강원, 대전, 인천, 서울, 울산, 경기, 충북, 세종, 경남·대구(2023.12월 개관)

시청자미디어센터 구축 현황	경남시청자미디어센터	대구시청자미디어센터

- **[나눔버스 추가 구축]** 방송통신위원회는 2017년 미디어 나눔버스 2대를 구축하여 운영 중이었으며,
  - ▶ 보다 많은 대상·지역에 찾아가는 미디어 교육 서비스를 제공하기 위해 △1인 미디어 방송제작, △라디오 녹음, △애니메이션 더빙 등이 가능한 미디어 나눔버스 6대(소리·영상차량 각 3대)를 추가로 구축·운영(2022년)

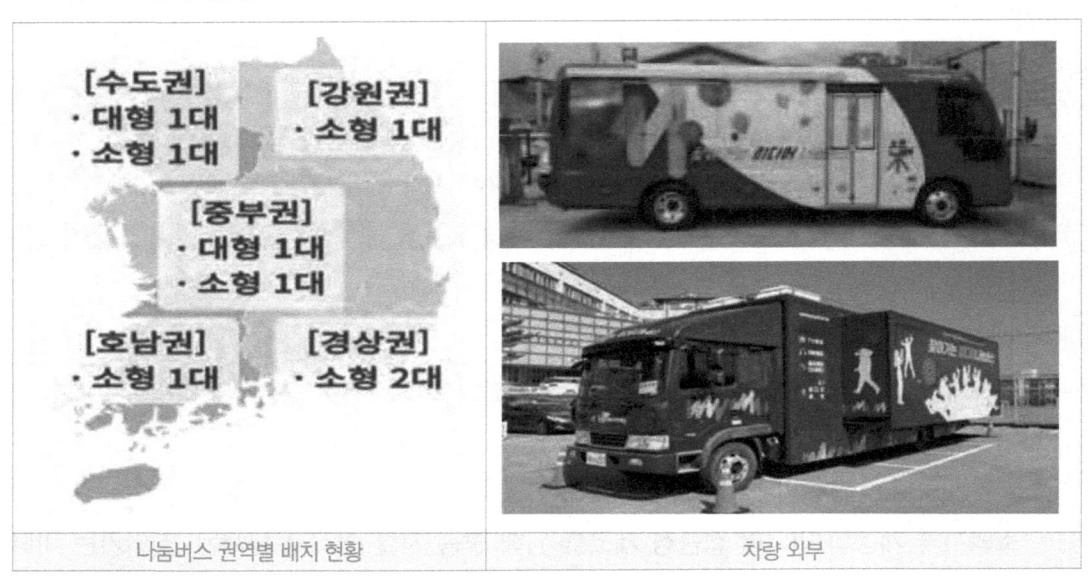

| 나눔버스 권역별 배치 현황 | 차량 외부 |

💡 시행효과

- **[미디어서비스 혜택 증가]** 이용자 연인원 2006년 1개 센터 3만 4천여 명을 시작으로 2023년 12개 센터 102.6만여 명으로 확대되었고, 이용자 만족도 2023년 93점으로 매년 향상
- **[미디어 이용격차 해소]** 방송제작 시설·장비를 갖춘 '찾아가는 미디어 나눔버스' 운영 확대를 통해 농·산·어·촌 등 미디어접근 취약계층에게 미디어 교육·체험 기회 제공
  - ▶ 청소년의 진로 탐색 기회 확대 및 방송 제작·참여 활성화와 시청자 권익 증진 등 국민과 동행하는 미디어 세상 구현에 기여
- **[균등한 미디어 제공]** 시청자미디어센터 및 나눔버스 추가 구축과 찾아가는 미디어 교육 확대로 전 국민 대상 격차 없이 균등한 미디어 서비스 제공

  ※ 미디어 나눔버스 운영 횟수 : (2021년) 256회 → (2022년) 285회 → (2023년) 483회

	2021년		2022년
나눔버스 추가 구축	2대	→	8대
	2022년		2023년
시청자미디어센터 추가 구축	10개 센터	→	12개 센터 (경남, 대구 추가 구축)

국민체감사례

▶ 미디어 나눔버스 주요 프로그램

TV 체험

TV 뉴스를 직접 제작해봄으로써 PD, 아나운서, 기자, 논설위원, 기상캐스터, 카메라맨 등의 방송 관련 직업을 탐색해보는 진로체험 제공

라디오 더빙 체험

라디오 녹음, 애니메이션 더빙 등을 직접 체험해보면서 DJ, 리포터, 성우, 내레이터 등의 방송 관련 직업을 탐색해보는 체험 제공

키오스크

노인 등 취약계층 대상으로 일상생활 속 미디어 기기에 대한 활용 능력 향상을 위한 키오스크 이해 및 사용법 교육 운영

▶ 도서지역 찾아가는 미디어 체험 사례

디지털 문화 소외 없도록…섬마을 미디어 교육(OBS, 2023.6.9.)

인천시청자미디어센터, 5월 25~26일 강화도 소규모 학교 양사초등학교에서 미디어교육 진행…[양사초등학교 6학년 학생 소감] "영상 제작이라든가 콘텐츠 제작, 영상을 대하는 마음가짐 등을 체험할 수 있는 기회를 주셔서 감사"

- 시청자미디어센터 정회원 교육 이렇게 신청하세요!
  ① 시청자미디어재단 홈페이지(https://kcmf.or.kr)에서 회원가입
  ② 미디온(https://edu.kcmf.or.kr)에서 '온라인 정회원 교육'(25분) 수료
  ③ 수료 후 홈페이지 재로그인 시 정회원 등록, 시설·장비 대여 가능
  ※ 시청자미디어재단·센터·미디온 어느 홈페이지에서 가입하더라도 통합회원으로 가입 가능

- 찾아가는 미디어나눔버스 참여 희망기관은 이렇게 신청하세요!
  ▶ 참여대상 : 소외지역민, 소외계층, 자유학년제 운영 중학교 등
  ▶ 신청기간 : 1~3월 공개모집 및 연중 수시 추가모집
  ▶ 신청방법 : 지역별 시청자미디어센터 문의 후 신청서 제출
     ※ 운영일자, 참여대상 등 적합여부 내부검토 후 운영 확정·알림
  ▶ 문의처 : 시청자미디어재단 센터지원권익부 또는 지역 센터

방방곡곡 찾아가는 미디어나눔버스

03 국민 생애주기에 맞는 평생 미디어교육 추진

전국 공모를 통해 선정된 500여 기관에 미디어에 대한 올바른 이해와 활용,
적극적 참여와 창작 등을 지원하는 미디어 리터러시 역량 제고 교육을 지원하였습니다.

추진배경

- 디지털 기술 발달과 비대면 사회 진입으로 디지털 미디어 활용역량이 국민 필수역량으로 부상함에 따라, 국민 누구나 미디어에 쉽게 접근하여 활용할 수 있도록 생애주기별 맞춤형 미디어교육 지원 필요

주요내용

- **[생애주기별 맞춤형 교육]** 유아·청소년·성인 등 성장단계에 맞춘 커리큘럼을 개발, 배움의 현장에 방문하여 미디어 이론·체험교육 실시
    - ▶ (유아) 건강한 미디어 이용습관 형성을 위해 유치원·어린이집 등에 방문하여 스마트폰 활용, 미디어 이용 규칙 만들기 등 놀이형 미디어교육 제공(2023년 55개 기관)
    - ▶ (청소년) 미디어 분야 진로 탐색을 위해 학교 교과 및 동아리(초중고), 자유학기제(中), 고교학점제(高) 등과 연계교육 제공(2023년 403개교)
    - ▶ (청장년) 1인 미디어 콘텐츠 기획·촬영·편집 등 미디어 전문 인재 양성 및 취·창업 연계교육 제공(지역 센터 및 온라인을 통한 상시교육, 42개 대학 연계교육)
- **[디지털 격차 없는 평생 교육]** 디지털 환경 적응에 어려움이 있는 사회 취약계층 대상 맞춤형 미디어 교육 제공(2023년 124개 기관)
    - ▶ (장애인) 발달장애인·특수학교 학생 등에 미디어를 통한 자기표현 교육
    - ▶ (다문화) 새터민, 외국인 노동자 등에 한국사회 적응을 위한 미디어교육
    - ▶ (노인) 65세 이상 노인, 퇴직자 등 대상 디지털기기·신기술 적응 지원
    - ▶ (도서산간지역민) 미디어 나눔버스를 통한 미디어 체험 및 섬마을 미디어캠프 등

- [지역별 특화프로그램] 시청자미디어센터 지역 미디어 거점 역할 강화와 지역별 특성을 살린 특화 사업 추진
  ▶ 전국 광역시·도 12개 미디어센터를 통한 특화 교육프로그램 기획 및 운영
  ※ 대전(청소년 미디어 페스티벌), 부산(장애인 미디어 축제), 울산(WORK 영상 공모전), 인천(인천 공익 콘텐츠 공모전), 광주(중딩영화제), 충북(충북미디어 페스타) 등

시행효과

- [생애주기별 맞춤형 교육] 유아의 안전한 미디어 이용, 청소년 미디어 분야 진로 탐색, 청장년 미디어 전문 인재 양성, 노인 사회 참여 등 연령별 필요역량 강화

대상별 미디어교육 효과

대상	교육 효과
유아	놀이형 미디어교육을 통해 미디어에 대한 초기 이해를 돕고 건강한 미디어 이용습관 형성
청소년	교육과정 연계 미디어교육을 통해 미디어 분야 진로 탐색기회 제공 및 미디어 활용능력 제고
성인	상설교육 과정을 개설·운영하여 대학생·청년·성인 등의 미디어 리터러시 역량 강화
노인	경로당, 복지관 등에 찾아가는 미디어교육을 통해 노인 사회참여 및 일자리 연계 지원

- [미디어 소통역량 강화] 노인·장애인 등 대상별 맞춤형 미디어교육을 통해 스마트폰 등 생활 속 미디어 접근·이해에서부터 단편영화 제작까지 미디어를 통해 자유롭게 소통하고 사회에 참여할 수 있도록 지원

국민체감사례

- [소외계층 미디어 활용 제고] 노인·장애인 등 소외계층을 대상으로 맞춤형 미디어 교육을 제공하여 격차 없는 미디어 접근·활용 지원
  ▶ 발달장애인·소외아동 대상 미디어교육을 통해 직접 콘텐츠를 제작하고 영화제에 상영될 수 있도록 지원하는 등 미디어를 통한 사회 참여 활성화

▶ 소외계층 미디어 역량 향상 사례

제3회 발달장애인 안녕! 영화제 개최 (2023.10.20)
광주지적발달장애인복지협회 등 5개 기관 협업으로 미디어교육 창작 지원 프로그램을 운영하고, 발달장애인이 직접 제작한 작품을 "발달장애인 안녕! 영화제"에서 상영

소외아동과 함께한 '나는야 미디어 크리에이터!' (2023.3~5월)
남구다함께돌봄센터 문현아이꿈키움터와 연계하여 초등학교 저학년 소외아동 대상으로 미디어 이해 교육, 촬영·편집 교육, 영상동화 제작, 작품 시사회 진행

- [미디어 소통·참여 지원] 미디어 접근 취약계층을 포함한 국민 누구나 미디어를 매개로 사회에 참여하고 적극 소통할 수 있도록 지원
  - ▶ 시민의 지역 밀착형 콘텐츠 제작 및 장애인 배리어프리 콘텐츠 제작을 지원하여 방송에 송출될 수 있도록 함으로써 미디어 참여 기회 제공

▶ 미디어 소통·참여 활성화 사례

시민리포터를 통한 지역소식 정기 송출
(울산시청자미디어센터)
시민-지역방송사와 협업으로 안전, 문화유산, 환경 등 지역밀착형 콘텐츠 제작, 정기 방송 송출(44편)

"배리어프리 콘텐츠제작단 리트리버 운영"
(강원시청자미디어센터)
강원도시각장애인연합회, 복지TV와 협력하여 배리어프리 콘텐츠 제작(8편) 및 TV 참여프로그램 송출(6편)
※ 제작자문 등 제작 전과정 협력 및 실용적 콘텐츠 제작

- 미디어 콘텐츠를 만들고 싶다면 여기를 방문하세요!
  - ▶ 전국 12곳에 있는 시청자미디어센터(위치 등 세부 정보는 https://미디어교육.kr 참조)에서 미디어교육을 수강하고, 필요한 방송제작 시설·장비 무료 대여 가능
  - ▶ '미디온'(https://edu.kcmf.or.kr)에서 온라인으로 미디어 전문가 특강, 스마트폰 영상 제작교육 등 다양한 강의를 언제 어디서든 편리하게 수강 가능

이 많은 강의가 무료라고?

04 소외계층을 위한 맞춤형 장애인방송 정책 추진

소외계층의 미디어 복지를 강화하기 위해 시각·청각장애인용 맞춤형TV를 20,580대 보급하고, 비실시간(VOD) 장애인방송 등에 대한 제작 지원을 하였습니다.

추진배경

- 장애인 등 소외계층이 미디어를 쉽게 이용할 수 있도록 시각·청각장애인용 방송수신기(TV) 보급 등 기기접근성 제고, 장애인방송 콘텐츠 제작 지원 및 기술 개발을 통한 동등한 미디어 접근권 보장

주요내용

- [장애인 미디어 접근성 제고] 장애인 등 소외계층이 격차 없이 미디어를 활용할 수 있도록 맞춤형 TV 보급 및 관련 기술 개발
  - ▶ 시각·청각장애인의 방송 시청 편의 제고 및 시청격차 해소를 위해 이용자 중심의 맞춤형 TV 보급(2023년 20,580대)

▶ 2023년도 시각·청각장애인용TV보급 제품 (40형 스마트TV)

시각·청각장애인용 TV보급 확대 2022년 **15,300대** → 2023년 **20,580대**

- ▶ 시각·청각장애인이 유료방송 사용 환경에서 장애인방송 시청 편의기능*을 이용할 수 있도록 셋톱박스 탑재 기술 개발
  * 폐쇄자막 크기·위치 조정, 방송영상 화면분리, 셋톱기능 음성안내 등
  ※ 유료방송 특화기능 셋톱박스 기술 개발 : (2020~2022년) KT·SKB·LGU+ → (2023년) LG헬로비전

- [장애인 미디어 콘텐츠 제작지원] 장애인 등 소외계층이 장애인방송(폐쇄자막, 화면해설, 한국수어) 등으로 제작된 다양한 콘텐츠를 이용할 수 있도록 제작 지원 확대

▶ 장애인 미디어 콘텐츠 제작지원

장애인 교육방송물(초등) 폐쇄자막

장애인 교육방송물을 초·중등 강좌까지 확대하여 시각·청각장애인의 학습권 보장 (연 4,000여편)

▶ 발달장애인 교육방송물 제작

발달장애 자녀들의 학교 이야기(학령기)

발달장애인의 생애주기(영유아기·성인기·중노년기)에 맞춘 콘텐츠 제작을 확대하여 장애 특성과 수요에 맞는 맞춤형 콘텐츠 제작 (연 48편)

▶ 장애인방송 홍보 영상을 제작·배포

시각·청각장애인용TV 안내 영상

시각·청각장애인용 맞춤형 TV 기능을 쉽고 자세하게 안내하는 홍보영상 및 장애인방송 홍보 영상을 제작·배포하여 소외계층 미디어 접근권에 대한 사회적 공감대 형성

▶ 장애인 미디어 콘텐츠 공모전

장애인 미디어 콘텐츠 공모전 시상

장애인과 비장애인이 함께 장애인 콘텐츠 제작에 참여하여 공모할 수 있는 '장애인 미디어 콘텐츠 공모전'을 개최하여 장애인의 적극적인 미디어 참여와 비장애인의 장애 인식 기회 마련

시행효과

- [장애인용 TV 보급 확대 및 기술지원] 기존의 저소득층 중심에서 전체 시각·청각장애인으로 시각·청각장애인용 TV를 확대·보급하고, 미디어의 음성을 자동으로 인식, 자막·수어로 변환하는 기술개발을 통해 청각장애인의 인터넷 미디어 접근성 제고

- [장애인 방송 제작 활성화] 시각·청각장애인 등을 위한 연령별 교육방송 콘텐츠 제작 등을 통해 장애인의 학습권을 보장하고,
  ▷ 장애인방송 VOD 지원 방송사를 확대(6→8개)하여 시각·청각장애인의 비실시간 방송 이용 편의성 제고

- 시각·청각장애인용 맞춤형TV 이렇게 신청하세요!
  - ▶ 신청대상 : 장애인복지법 상 시각·청각장애인 및 국가보훈처 등록 눈·귀 상이자
  - ▶ 신청기간 : 매년 5월중(자세한 일정은 방통위 보도자료 참고)
  - ▶ 신청방법 : 홈페이지(tv.kcmf.or.kr) 또는 읍면동 행정복지센터
  - ▶ 문의처 : 홈페이지(tv.kcmf.or.kr) 또는 대표전화(1688-4596)
- 장애인방송 VOD는 어디서 볼 수 있나요?
  - ▶ 각 방송사(KBS·MBC·SBS·EBS·TV조선·JTBC·MBN·채널A) 홈페이지
- 장애인을 위한 교육방송물(폐쇄자막·화면해설) 이용은?
  - ▶ EBS 장애인 교육방송물 전용 홈페이지(ebs.co.kr/free)
- 발달장애인을 위한 콘텐츠를 한 눈에 볼 수 있는 곳은?
  - ▶ 발달장애인 콘텐츠 전문 홈페이지 '다모아'(damoa.or.kr)

시각·청각
장애인용 TV
신청하세요!

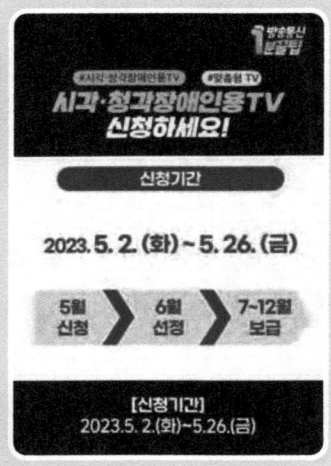

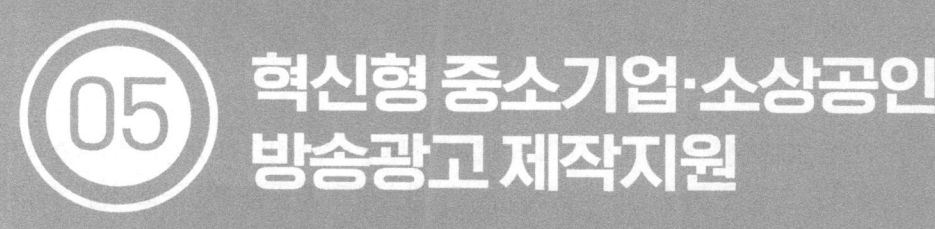

05 혁신형 중소기업·소상공인 방송광고 제작지원

「혁신형 중소기업 방송광고 활성화 지원 사업」과 「지역밀착형 방송광고 활성화 기반구축 사업」을 통해 중소기업과 소상공인의 방송광고 제작을 도왔습니다.

추진배경

- 우수한 기술력 및 상품의 경쟁력을 가진 중소기업과 소상공인들이 낮은 인지도와 마케팅 능력 부족으로 성장에 어려움을 겪고 있으므로 방송광고를 통해 성장할 수 있는 발판 마련 필요
- 방송광고가 기업 인지도 제고 및 제품 홍보 도움, 매출 증가 및 고용 창출에 효과적이나 비용이 부담되어 활용하지 못하고 있는 실정
- 이에 중소기업과 소상공인의 판로개척 및 혁신성장을 유도하고, 침체된 방송광고 시장을 활성화 하기 위한 방송광고 제작 지원 추진

주요내용

- **[중소기업 방송광고지원]** 우수한 기술력을 가지고 있으나 비용부담으로 방송광고를 하지 못하는 혁신형 중소기업에게 방송광고 제작비를 지원하여 중소기업의 혁신성장 및 방송광고시장 활성화를 유도
  ▶ TV광고는 제작비의 50%(최대 4,500만원), 라디오광고는 제작비의 70%(최대 300만원) 지원하고, 방송광고 관련 교육 및 컨설팅 제공

TV 광고 제작비 지원	라디오 광고 제작비 지원
제작비의 **50**%(최대 4,500만원)	제작비의 **70**%(최대 300만원)

- **[소상공인 방송광고지원]** 자금 및 정보 부족으로 방송광고에 접근하기 어려운 소상공인에게 방송광고 제작·송출비를 지원하여 판로개척 및 자생력을 확보하고, 지역경제 및 방송광고시장 활성화를 유도
  ▶ 방송광고 제작비 및 지역방송 광고송출비의 90%(최대 9백만원)를 지원하고, 방송광고 관련 교육 및 컨설팅 제공

시행효과

- **[중소기업 성장 기여]** 2022년에게 방송광고 제작비를 지원받은 중소기업의 전년대비 매출액이 평균 24.0% 상승하고 고용은 평균 7.5% 증가하는 등 방송광고 지원정책이 중소기업 성장의 성장 발판 마련
  - ▶ 2022년 지원 기업에게 방송광고 제작비로 13.9억원을 지원하였으나, 기업에서 투자한 광고 제작비·광고송출료로 93.3억원을 집행하여 지원규모의 6.7배를 상회하는 투자효과를 유발하는 등 방송광고시장 활성화에 기여

  | 중소기업 방송광고 제작비 지원 후 | 전년대비 매출액 **24.0%** 상승 | 전년대비 고용 **7.5%** 증가 |

- **[소상공인 도약 재기]** 2022년에 방송광고 제작·송출비를 지원받은 소상공인의 전년대비 매출액은 평균 17.9% 상승했고, 고용은 평균 14.2% 증가하는 등 어려운 경제상황에도 판로개척 및 도약·재기에 기여
  - ▶ 2022년에 지원받은 소상공인은 정부지원금 및 자체자금을 포함 약 23.4억원을 방송광고 제작·송출비로 지출하였으며, 전년대비 매출액 향상 기업 비율은 75.1%이며, 이후에도 광고를 지속할 예정이 67.8%로 지역 경제 및 지역 방송광고시장 활성화에 기여

  | 소상공인 방송광고 제작비 지원 후 | 전년대비 매출액 **17.9%** 상승 | 전년대비 고용 **14.2%** 증가 |

국민체감사례

- 본 사업을 지원 받은 기업들의 성장과 방송광고시장 활성화에 기여하였으며 방송광고 지원 사업에 대한 중소기업 및 소상공인들의 만족도도 높게 나타나는 등 사업효과를 인정받음

▶ 중소기업 체감사례

마케팅·영업 활동 전반에 걸쳐 긍정적인 효과를 경험

브랜드 신뢰도와 인지도 상승 및 매출액이 증가하였으며 채용 공고 시 이전 대비 3~4배의 지원자가 증가하여 원활하게 핵심 인재를 채용함

NANOCMS
NANO MATERIALS & APPLICATIONS

잘 알려지지 않고 마케팅 측면에서 역부족이던 제품에 큰 도움

지원사업을 통해 마케팅 효과 및 제품 인지도 상승 면에서 많은 도움이 됨. 이에 회사 내에서 TV 광고영상뿐 아니라 제품 소개 영상을 추가 제작해 영업에 활용할 예정

▶ 소상공인 체감사례

방송광고를 통해 기업 이미지 제고, 매출 상승 경험

- 자본금 부족, 경험 부족, 마케팅 지식 부족으로 사업 시 큰 위기를 겪던 도중에 TV광고 지원 사업은 큰 행운
- 방송광고를 통해서 인지도 상승과 매출 상승을 경험하였으며, 기존에 진행한 옥외광고와 함께 진행한 TV광고 송출의 시너지 효과를 보면서, 기업 이미지 브랜딩 효과와 신뢰도 제고에 큰 도움이 됨

지원사업으로 TV광고 비용 부담 극복, 큰 폭의 매출 상승 경험

- 스타트업 이다보니 TV광고에 대한 니즈가 있음에도 불구하고 비용 부담 등으로 막막함을 겪다가 본 지원 사업을 알게 되어 참여
- 방송광고를 통해서 큰 폭의 매출 상승을 경험하였고, 사업규모가 커짐에 따라 고용인원을 늘리게 됨

- 중소기업·소상공인 방송광고 지원은 이렇게 신청하세요.
  - ⓘ 언 제 : (1차) 매년 1~2월, (2차) 매년 6~7월 신청
    ※ 자세한 일정은 모집 공고문(매년 1~2월 공고) 참조, 사업일정에 따라 변동 가능
  - ⓘ 어디서 : 한국방송광고진흥공사 중소기업 방송광고 지원 사업 전용 누리집
    (https://www.kobaco.co.kr/smad)
  - ⓘ 신청문의 : 지원대상, 지원내용, 신청서 및 기타 구비서류 등 자세한 사항은 전용 누리집 또는 한국방송광고진흥공사 중소기업전략팀에 문의 : 02) 731-7314, 7317~7322

방송통신위원회 혁신형 중소기업 방송광고 제작 지원 후기

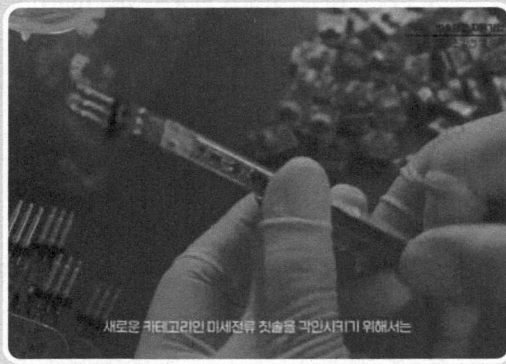

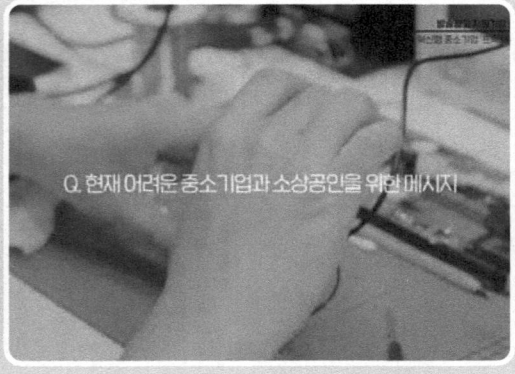

초판 인쇄　2024년 05월 10일
초판 발행　2024년 05월 16일

저　자　방송통신위원회
발행인　김갑용

발행처　진한엠앤비
주소　서울시 서대문구 독립문로 14길 66 205호(냉천동 260)
전화 02) 364 - 8491(대) / 팩스 02) 319 - 3537
홈페이지주소 http://www.jinhanbook.co.kr
등록번호 제25100-2016-000019호 (등록일자 : 1993년 05월 25일)
ⓒ2024 jinhan M&B INC, Printed in Korea

ISBN 979-11-290-5519-4 (93320)　　　[정가 10,000원]

☞ 이 책에 담긴 내용의 무단 전재 및 복제 행위를 금합니다.
☞ 잘못 만들어진 책자는 구입처에서 교환해 드립니다.
☞ 본 도서는 [공공데이터 제공 및 이용 활성화에 관한 법률]을 근거로 출판되었습니다.